工程施工与质量简明手册丛书

城市轨道交通供电工程

张文宏　蔡佳旻 ◎ 主编

中国建材工业出版社

图书在版编目（CIP）数据

城市轨道交通供电工程/张文宏，蔡佳旻主编．——
北京：中国建材工业出版社，2020.8
（工程施工与质量简明手册丛书）
ISBN 978-7-5160-3006-6

Ⅰ．①城… Ⅱ．①张… ②蔡… Ⅲ．①城市铁路-供电系统-技术手册 Ⅳ．①U239.5-62

中国版本图书馆 CIP 数据核字（2020）第 127823 号

城市轨道交通供电工程
Chengshi Guidao Jiaotong Gongdian Gongcheng
张文宏　蔡佳旻　主编

出版发行：中国建材工业出版社
地　　址：北京市海淀区三里河路 1 号
邮　　编：100044
经　　销：全国各地新华书店
印　　刷：北京雁林吉兆印刷有限公司
开　　本：787mm×1092mm　1/32
印　　张：3.75
字　　数：80 千字
版　　次：2020 年 8 月第 1 版
印　　次：2020 年 8 月第 1 次
定　　价：**29.00 元**

本社网址：www.jccbs.com，微信公众号：zgjcgycbs
请选用正版图书，采购、销售盗版图书属违法行为
版权专有，盗版必究。 本社法律顾问：北京天驰君泰律师事务所，张杰律师
举报信箱：zhangjie@tiantailaw.com　　举报电话：(010) 68343948
本书如有印装质量问题，由我社市场营销部负责调换，联系电话：
(010) 88386906

内 容 简 介

本书依据现行国家和行业施工与质量验收标准、规范,并结合地铁供电系统施工与质量实践编写而成,基本覆盖了地铁内各种供电方式施工的主要领域。本书包括变电所工程、环网系统、柔性悬挂接触网、刚性接触网、接触轨、电力监控系统、负回流及杂散电流腐蚀防护系统、电能质量管理系统 8 部分内容。

本书可供地铁供电专业技术管理人员、专业工程技术人员和施工人员使用,也可供各类院校相关专业师生学习参考。

《工程施工与质量简明手册丛书》编写委员会

主　　任：王云江
副 主 任：吴光洪　韩毅敏　吕明华　史文杰
　　　　　毛建光　姚建顺　楼忠良　陈维华
编　　委：马晓华　王剑锋　王黎明　王建华
　　　　　汤　伟　李娟娟　李新航　杨小平
　　　　　张文宏　张海东　陈　雷　陈建军
　　　　　林大干　赵庆礼　周静增　郑林祥
　　　　　赵海耀　侯　赟　顾　靖　童朝宝
（编委按姓氏笔画排序）

《工程施工与质量简明手册丛书——城市轨道交通供电工程》编委会

主　　编：张文宏　　蔡佳旻
副 主 编：俞南均　　孟　涛　　王祥涛　　吴华伟
　　　　　何平安
参　　编：龙建军　　叶玉鹏　　冉　鹏　　刘　健
　　　　　刘　辉　　孙松涛　　杨明峰　　李永强
　　　　　邱科瑜　　谷昆仑　　张科普　　张继鹏
　　　　　罗　欣　　赵洪铂　　娄晓仁　　徐勇斌
　　　　　郭玉达　　姬远博　　崔利豪　　黄　凯
　　　　　葛易生

（编委按姓氏笔画排序）

主编单位：杭州市建设工程质量安全监督总站
　　　　　中铁电气化局集团有限公司
参编单位：中国铁建电气化局集团有限公司
　　　　　中铁二局集团电务工程有限公司
　　　　　浙江省机电设计研究院有限公司
　　　　　中铁一局集团电务工程有限公司

前　言

为及时有效地解决建筑施工现场的实际技术问题，我们策划并组织专家编写了"工程施工与质量简明手册丛书"（以下简称"丛书"）。丛书为系列口袋书，内容简明实用，"身形"小巧，便于携带，可随时查阅，使用方便。

丛书各分册分别为《建筑工程》《安装工程》《装饰工程》《市政工程（第2版）》《园林工程》《公路工程》《基坑工程》《楼宇智能》《城市轨道交通》《建筑加固》《绿色建筑》《城市轨道交通供电工程》《城市轨道交通弱电工程》《城市管廊》《海绵城市》《管道非开挖（CIPP）工程》。

《城市轨道交通供电工程》依据现行国家和行业施工与质量验收标准、规范，并结合地铁供电系统施工与质量实践编写而成，旨在为地铁供电专业技术管理人员、专业工程技术人员和施工人员提供一本简明实用、方便携带的小型工具书，便于他们在施工现场随时查阅，快速解决实际问题。本书包括变电所工程、环网系统、柔性悬挂接触网、刚性接触网、接触轨、电力监控系统、负回流及杂散电流腐蚀防护系统、电能质量管理系统8部分内容。

对于本书中的疏漏和不当之处，敬请广大读者不吝指正。

编　者
2020.05.01

目 录

1 变电所工程 ·· 1
　1.1　一般规定 ·· 1
　1.2　设备基础预埋件制安 ·································· 1
　1.3　所内接地装置制安 ···································· 2
　1.4　电缆桥支架安装 ······································ 4
　1.5　变压器安装 ·· 5
　1.6　屏柜（非绝缘）安装 ·································· 7
　1.7　屏柜（绝缘）安装 ···································· 8
　1.8　蓄电池安装 ·· 9
　1.9　整流变压器网栅制作安装 ····························· 10
　1.10　0.4kV开关柜安装 ·································· 10
　1.11　交、直流屏安装 ···································· 11
　1.12　电力及控制电缆敷设（含直流联跳
　　　　保护电缆）·· 12
　1.13　测试试验 ·· 15
　1.14　送电开通 ·· 15

2 环网系统 ·· 17
　2.1　一般规定 ·· 17
　2.2　环网电缆支架安装 ···································· 18
　2.3　接地制作安装 ·· 19
　2.4　35kV环网电缆敷设 ··································· 20
　2.5　测试试验 ·· 21

3 柔性悬挂接触网 ·· 22
　3.1　一般规定·· 22

3.2	基础浇制	23
3.3	钢柱安装	26
3.4	基础帽	28
3.5	接地、接地极安装	29
3.6	拉线安装	30
3.7	门型支架安装	31
3.8	软横跨	32
3.9	支柱装配	34
3.10	定位器及定位装置安装	36
3.11	承力索架设	37
3.12	接触线架设	38
3.13	中心锚结安装	39
3.14	吊弦及吊索安装	40
3.15	接触悬挂调整	42
3.16	补偿装置安装	44
3.17	电连接线安装	45
3.18	线岔安装	46
3.19	隔离开关安装	47
3.20	避雷器及放电间隙安装	49
3.21	分段绝缘器安装	50
3.22	附加导线架设	51
3.23	标志牌、支柱号码安装	52
3.24	支柱防护、限界门安装	53
3.25	冷滑试验及送电开通	54
4	**刚性接触网**	**56**
4.1	一般规定	56
4.2	埋入杆及底座安装	57
4.3	悬挂装置安装	58

- 4.4 汇流排安装 ································ 60
- 4.5 接触线架设 ································ 62
- 4.6 架空地线架设 ······························ 64
- 4.7 中心锚结安装 ······························ 65
- 4.8 电连接及接地挂环安装 ······················ 66
- 4.9 设备安装 ·································· 69
- 4.10 刚柔过渡安装 ···························· 73
- 4.11 标志牌安装 ······························ 75
- 4.12 冷滑试验及送电开通 ······················ 76

5 接触轨 ·· 78
- 5.1 一般规定 ·································· 78
- 5.2 底座及绝缘支架安装 ························ 78
- 5.3 接触轨安装 ································ 79
- 5.4 中心锚结安装 ······························ 81
- 5.5 电连接安装 ································ 82
- 5.6 防护罩安装 ································ 83
- 5.7 接触轨系统接地 ···························· 84
- 5.8 隔离开关 ·································· 86
- 5.9 均、回流电缆敷设及箱体安装 ················ 87
- 5.10 冷滑试验及送电开通 ······················ 89

6 电力监控系统 ·································· 91
- 6.1 一般规定 ·································· 91
- 6.2 控制信号屏安装 ···························· 91
- 6.3 线缆敷设及连线 ···························· 92
- 6.4 系统测试 ·································· 93

7 负回流及杂散电流腐蚀防护系统 ·················· 96
- 7.1 一般规定 ·································· 96
- 7.2 设备安装 ·································· 96

7.3　参比电极、传感器 ……………………………… 97
　7.4　监测装置 …………………………………………… 98
　7.5　电缆敷设及接续 …………………………………… 99
　7.6　钢轨连接 …………………………………………… 100
　7.7　测试试验 …………………………………………… 100
8　电能质量管理系统 ……………………………………… 102
　8.1　一般规定 …………………………………………… 102
　8.2　电能质量监控屏安装 ……………………………… 102
　8.3　线缆敷设及连线 …………………………………… 103
　8.4　系统测试 …………………………………………… 104
参考文献 …………………………………………………… 106

1 变电所工程

1.1 一般规定

1.1.1 设备基础预埋件施工必须与装修层施工配合进行，在预埋件拼装、调整、固定等工序完成后，进行预埋件制作及安装验收工作，验收合格后进行地面垫层浇筑，整个工序完成后保证装修完成面与预埋件顶面平整度符合设计要求，方可进行电气设备安装。

1.1.2 电缆敷设前应按照设计和实际路径计算每根电缆的长度，合理利用电缆，减少电缆接头。

1.1.3 电气设备的工作接地线和保护接地线必须分开设置，并直接与接地体可靠连接。严禁在一条接地线中串接两个及两个以上需要接地的电气装置。

1.2 设备基础预埋件制安

1.2.1 施工要点

1. 设备基础预埋前应用水准仪进行各设备室结构层高差复核，确保基础预埋件完成面符合设计要求，如不符合要求需待整改后再行施工。

2. 在每组设备基础槽钢的两端焊接接地支线镀锌扁钢后煨弯引至接地干线。

3. 设备基础预埋件的表面、焊接处打磨后做防腐处理，保证预埋件与设备安装接触面保持平整光洁。

1.2.2 质量要点

1. 设备基础预埋件的材料、规格、尺寸、制作安装方式、预埋位置符合设计要求。

2. 同一设备房内设备基础预埋件的顶面高度应保持一致，预埋件顶面宜高出装修层完成面3～5mm。

3. 设备基础预埋件应可靠接地，接地方式、接地数量应满足设计要求。

1.2.3 质量验收

1. 预埋件的平行度及平直度允许偏差为1mm/m。全长允许偏差为2mm/全长。

2. 设备基础预埋件安装的质量检验应符合下列规定：

（1）设备基础预埋件焊接处应牢固，焊缝应饱满，不应有裂缝、气孔、脱焊、假焊、漏焊现象；

（2）基础槽钢与其相应固定件间或导轨与其组成部件的接触面应平整、受力均匀，焊接牢靠；

（3）设备基础预埋件通过锚栓与地面固定牢靠，并对其固定件进行防腐处理，不得有锈蚀。

1.3 所内接地装置制安

1.3.1 施工要点

1. 接地装置的母排有绝缘安装要求时采用绝缘安装方式，不应与建筑结构钢筋发生电气连接。

2. 扁钢与钢管、扁钢与角钢焊接时，为了连接可靠除应在其接触部位两侧进行焊接外，并应焊以由钢带弯成弧形

（或直角形）卡子或直接由钢带本身弯成弧形（或直角形）与钢管（或角钢）焊接。

3. 接地干线表面应涂以 100mm 宽度相等的黄色和绿色条纹；接地干线穿墙时，应加阻燃套管保护。

4. 接地干线应在不同的两点或多点与接地网相连接，每一设备的工作接地和保护接地应单独与接地干线可靠连接，不应将其串联接地。

1.3.2 质量要点

1. 接地体（线）的连接可采用搭接焊或螺栓连接。若选用搭接焊时，须符合下列规定：

（1）焊接处应采用防腐措施；

（2）其搭接焊长度为 2 倍扁钢宽度（且至少 3 个棱边焊接）；

（3）圆钢为其直径的 6 倍；

（4）圆钢与扁钢连接时，其长度为圆钢直径的 6 倍；紧贴角钢外侧两面，或紧贴 3/4 钢管表面，上下两侧施焊；

（5）扁钢与钢管、扁钢与角钢焊接时，为了连接可靠除应在其接触部位两侧进行焊接外，还应焊以由钢带弯成弧形（或直角形）卡子或直接由钢带本身弯成弧形（或直角形）与钢管（或角钢）焊接。

2. 接地干线的规格、型号、安装高度、离墙距离应符合设计要求。

1.3.3 质量验收

明敷接地线应符合下列规定：

（1）接地线的安装位置应合理，便于检查，无碍设备检修和运行巡视；

（2）支撑件的距离，在水平直线段宜为 0.5~1.5m；垂直段宜为1.5～3m；弯曲段宜为0.3～0.5m；

（3）接地线应按水平、垂直敷设或与建筑物倾斜结构平行敷设，在直线段上，不应有高低起伏及弯曲等情况；

（4）沿建筑墙壁水平敷设时，应平直无急弯，离地面距离宜为250～300mm。接地线与墙壁距离宜为10～15mm；

（5）当接地线跨越建筑物伸缩、沉降缝时，应设置补偿器。补偿器可用接地线本身弯成弧状代替。

1.4 电缆桥支架安装

1.4.1 施工要点

1. 检查变电所电缆夹层地面，应平整清洁，夹层高度、土建垫层厚度应满足支架安装需要。

2. 支架及桥架安装位置应该有效避开人孔、积水坑等。

3. 电缆桥架转弯处的半径不小于该桥架上电缆最小允许弯曲半径最大值。

4. 支架及桥架安装后应保持平直，外形美观。

5. 根据开关柜的安装位置确定电缆支架的安装位置，电缆支架应让开高压电缆进出位置。

1.4.2 质量要点

1. 支架及桥架必须可靠接地，应保证有两处与变电所接地母排连接，与接地扁钢连接可采用栓接或焊接，焊接时应焊缝饱满，不少于三面焊接。

2. 支架及桥架安装位置应满足设计要求；支架相邻立柱之间距离宜为800mm，部分部位可做适当调整，最大不应超过1000mm。

3. 电缆支架安装位置正确，同一层托臂要安装在同一平面上，相邻两个托臂高低偏差不大于 5mm。

1.4.3 质量验收

电缆支架的层间允许最小距离符合设计要求，当设计无要求时，应采用表 1-1 的规定。层间净距不应小于 2 倍电缆外径加 10mm，35kV 及以上高压电缆不应小于 2 倍电缆外径加 50mm。

表 1-1 电缆支架层间允许最小距离值（mm）

电缆类型和敷设特征		支（吊）架	桥架
控制电缆明敷		120	200
电力电缆明敷	10kV 及以下（6～10kV 交联聚乙烯绝缘除外）	150～200	250
	6～10kV 交联聚乙烯绝缘	200～250	300
	35kV 单芯 66kV 及以上，每层 1 根	250	300
	35kV 三芯 66kV 及以上，每层多于 1 根	300	350
电缆敷设于槽盒内		$h+80$	$h+100$

注：h 表示槽盒外壳高度。

1.5 变压器安装

1.5.1 施工要点

1. 变压器及其附件外壳和其他非带电金属部分，均有可靠的接地。

2. 变压器母排所有的连接螺栓应用力矩扳手检查，其紧固力矩应符合表 1-2 的规定。

表 1-2　钢制螺栓的紧固力矩值

螺栓规格(mm)	力矩值(N·m)
M8	8.8～10.8
M10	17.7～22.6
M12	31.4～39.2
M14	51.0～60.8
M16	78.5～98.1
M18	98.0～127.4
M20	156.9～196.2
M24	274.6～343.2

3. 温控、温显装置安装时应符合下列要求：

（1）温控装置完好无损，规格、型号符合设计规定；

（2）温控正确，温控开关可在设计范围内整定，温控装置显示正常；

（3）温控装置安装正确，动作灵敏，布线合理，连接可靠。

4. 变压器温感线布置合理，牢靠固定，必要时加保护管防护。

5. 变压器安装时应符合下列规定：

（1）紧固件紧固，绝缘件完好，相色标志正确、清晰；

（2）金属部件无锈蚀、无损伤，铁芯无多点接地；

（3）绕组完好、无变形、无移位、无损伤、内部无杂物，表面光滑无裂纹；

（4）引线连接导体间对地的距离符合现行国家标准《3～110kV高压配电装置设计规范》（GB 50060—2008）的规定，裸导体表面无损伤、毛刺、尖角，焊接良好。

1.5.2　质量要点

1. 变压器的安装允许偏差应基础型钢的顶部平直度每米不大于1mm，全长不大于2mm。

2. 变压器的交接试验满足设计要求及相应规范要求。

1.5.3 质量验收

1. 变压器的安装位置、方向应符合设计要求，接地正确、可靠，安全净距符合设计要求。

2. 变压器及其附件外壳和其他非带电金属部分，均有可靠的接地，动力变压器中性点应单独与接地母线连接，接地部位有明显标志。

1.6 屏柜（非绝缘）安装

1.6.1 施工要点

1. 开关柜间连接方法正确，成列开关柜的接地母线应有两处与接地网可靠连接。

2. 开关柜安装的金属框架及基础槽钢必须接地良好，可开启的门与设备框架应用裸编织铜线连接。

3. 开关柜与基础预埋件间的连接固定牢固，所有紧固件应满足防腐要求，盘、柜内清洁、无杂物。

1.6.2 质量要点

1. 成列屏、柜的垂直度、水平偏差和屏柜面偏差和屏柜间接缝的允许偏差应符合表 1-3 的规定。

表 1-3 屏、柜安装的允许偏差

项目		允许偏差(mm)
垂直度(m)		<1.5
水平偏差	相邻两屏顶部	<2
	成列屏顶部	<5
屏面偏差	相邻两屏边	<1
	成列屏面	<5
屏间接缝		<2

2. 开关柜内母线与母线、母线与电气接线端子的螺栓连接应紧密，连接螺栓应采用力矩扳手紧固，其紧固力矩值应符合表1-2的规定。

3. 开关柜内接地小母排每处不宜大于2根接地线。

1.6.3 质量验收

1. 交流开关柜的型号、规格及安装位置应符合设计要求，表面防护层涂层完整，柜内元器件完好无损、固定牢靠。

2. 交流开关柜断路器的型号、规格及安装位置符合设计要求；断路器动作准确可靠，传动装置动作灵活，固定可靠，触头接头紧密，所有传动部位无卡阻现象。

3. 开关柜二次回路接线固定牢靠，排列整齐；电缆芯线和所配导线的端部均应标明其回路编号，编号应正确，字迹清晰且不易脱色。

1.7 屏柜（绝缘）安装

1.7.1 施工要点

1. 绝缘板安装在基础槽钢和柜体之间，根据设备的底座尺寸测出绝缘板的安装位置，将绝缘板固定在槽钢上。

2. 直流1500V开关柜母线连接时接触面应涂抹导电膏，连接螺栓应符合设计规定，用扭力扳手对每一个连接螺栓进行紧固，使之达到力矩值。

3. 绝缘板接口处的间隙用中性绝缘胶填充并打平，必要时进行除潮处理。

4. 钢轨电位限制装置与钢轨、接地母排应连接牢固，柜体接地可靠；装置动作灵敏可靠、接线正确。

5. 满足本章中 1.6.1 中施工要点要求。

1.7.2 质量要点

1. 成列直流开关柜的垂直度、水平偏差、柜面偏差和柜间接缝的允许偏差应符合表 1-3 的规定。

2. 直流开关柜、负极柜（不含轨电位）应采用绝缘法安装，经框架保护接地，柜体就位安装后需对设备外壳进行绝缘检测，绝缘电阻不小于 $2M\Omega$。

3. 绝缘板露出柜体四周每侧的长度要求不小于 20mm，绝缘垫厚度应不小于 5mm，绝缘板布置平直、牢固。

4. 满足本章中 1.6.2 中质量要点要求。

1.7.3 质量验收

1. 开关柜安装、绝缘要求、试验要求满足设计要求。

2. 开关柜二次回路接线固定牢靠，排列整齐；电缆芯线和所配导线的端部均应标明其回路编号，编号应正确，字迹清晰且不易脱色。

1.8 蓄电池安装

1.8.1 施工要点

1. 蓄电池在屏内台架上安装应稳固、排列整齐，端子连接紧密可靠，无锈蚀，蓄电池编号正确。

2. 蓄电池室房间的通风良好，温度保持在 10~30℃。

1.8.2 质量要点

1. 电池柜蓄电池须进行充放电试验，试验结果满足设计要求。

2. 蓄电池的正、负端柱必须极性正确，并应无变形，无斑痕。

3.蓄电池母线对地绝缘电阻必须符合以下规定：
(1) 110V的蓄电池组不小于0.1Ω。
(2) 220V的蓄电池组不小于0.2Ω。

1.8.3 质量验收

蓄电池的规格、容量和电池数量应符合设计要求。

1.9 整流变压器网栅制作安装

1.9.1 施工要点

1.网栅门应该开闭灵活；闭锁装置安装应该牢固，闭锁应该正确可靠。

2.网栅上应该设置明显的"高压危险""禁止翻越"标志。

1.9.2 质量要点

1.网栅支柱安装应垂直牢固，高度一致，同一直线上的立柱应在同一平面内。

2.网栅接地连接可靠，应至少两处与变电所接地干线可靠连接。

1.9.3 质量验收

1.网栅表面应光滑、无毛刺、无变形、防腐层良好，型号规格及安装的位置符合设计要求。

2.网栅与带电体的距离应符合设计要求。设计无要求时应符合室内配电装置的最小安全净距400mm的规定。

1.10 0.4kV开关柜安装

1.10.1 施工要点

1.二次回路接线固定牢靠，排列整齐；电缆芯线和所配导线的端部均应标明其回路编号，编号应正确，字迹清晰且不易脱色。

2. 抽拉式开关柜推拉应灵活，无卡阻碰撞现象，推入时触头应接触良好。

3. 设备拼接时观察两柜连接处母线的搭接情况，当出现母线连接错位及相邻盘柜不在同一水平面等情况时，应及时调整。

1.10.2 质量要点

1. 开关柜安装的垂直度、水平偏差、柜面偏差和柜间接缝的允许偏差应符合表 1-3 的规定。

2. 屏、柜内母线与母线、动力变低压侧出线母线与进线柜母线、母线与电气接线端子的螺栓连接应紧密，连接螺栓应采用力矩扳手紧固，其紧固力矩值应符合表 1-2 的规定。

1.10.3 质量验收

开关柜型号、规格及安装位置应符合设计要求；表面防护层涂层完整，柜内元器件完好无损、固定牢靠。

1.11 交、直流屏安装

1.11.1 施工要点

1. 交、直流屏柜与基础预埋件连接应牢固可靠，柜内应清洁无杂物。

2. 交、直流屏母线排列整齐，连接应符合设计要求；二次接线应固定牢靠，回路编号正确清晰，端子及插件连接良好。

1.11.2 质量要点

1. 交、直流屏柜安装的垂直度、水平偏差、柜面偏差和柜间接缝的允许偏差应符合表1-3的规定。

2. 交、直流屏设备名称、编号、模拟线应正确、清晰、不易脱落。

1.11.3 质量验收

1. 交、直流屏的型号、规格及安装位置应符合设计要求，表面防护层涂层完整，柜内元器件完好无损、固定牢靠。

2. 交流盘中的各项报警及保护功能正常，双电源切换功能符合设计要求，能够可靠运行。

3. 直流盘绝缘监测装置工作正常，各回路绝缘检测合格。

4. 柜内各回路接地可靠连接至柜内接地小母排，每处连接螺栓不大于2根接地线。

1.12 电力及控制电缆敷设
（含直流联跳保护电缆）

1.12.1 施工要点

1. 电缆敷设应符合下列规定：

（1）电缆的敷设路径、终端位置符合设计要求；电缆高度发生变化时，其坡度应平缓；直埋电缆进入建筑物时应根据设计要求采取保护措施。

（2）电缆敷设时电缆应从盘柜底部引出，不应使电缆在桥架、支架和地面拖拉摩擦。

（3）电缆应按照设计要求分层排布，且排列整齐、尽量无交叉。

（4）电缆在穿管敷设或进出电缆洞口位置时应在管口或

洞口进行电缆防护。

（5）电缆爬升、转弯、进入电缆支架、进柜前应做非磁性刚性固定。

（6）电缆在支架上扎带固定，扎带捆扎方向应保持一致。

2. 电力电缆及控制电缆在终端处留有适当的备用长度，与设备的连接固定牢靠，绝缘良好，终端头接地可靠。

3. 联跳电缆线路布放应留有适当的余量，做好防护并固定牢靠、标志清楚。芯线应无错线、断线、混线。

4. 控制电缆（不含区间联跳电缆）在敷设过程中不宜有中间接头。

5. 电缆在下列情况下可有接头，但应连接牢固，并不应受到机械拉力。

（1）当敷设的长度超过单根电缆制造长度；

（2）需延长已敷设竣工的控制电缆；

（3）当消除使用中的电缆故障时。

6. 中压电缆中间接头不宜设置在站台板下或隧道口位置，电力电缆中间接头处应增加绝缘板固定保护，相应电缆中间接头处应做适当预留。

7. 电缆敷设在下列地方应将电缆加以固定：

（1）垂直敷设或大于 45°倾斜敷设的电缆。

（2）水平敷设的电缆，在电缆首末两端及转弯、电缆接头的两端处。

1.12.2　质量要点

1. 电缆敷设最小弯曲半径应符合表 1-4 的规定（中压 35kV 电力电缆，1500V 直流电缆）。

表 1-4 电缆最小弯曲半径

电缆形式		多芯	单芯
控制电缆	非铠装、屏蔽型软电缆	6D	—
	铠装型、同屏蔽型	12D	
35kV 电力电缆	钢铠护套	20D	
1500V 直流电缆	无铅包、钢铠护套	10D	
	钢铠护套	20D	

注：D 为电缆外径。

2. 单相交流电力电缆的保护管及固定金属材料不得构成闭合磁路。

3. 电缆头的制作应符合下列规定：

（1）电缆头及附件现场应检查规格、型号应与电缆一致，零部件完整齐全，其规格、型号符合设计要求，主要性能应符合相应产品国家标准的规定。

（2）电缆终端和中间接头应采取加强绝缘、密封防潮、机械保护措施。

（3）电缆头终端头上应有明显相色标志，且应与系统的相位一致。

（4）电缆终端头与设备连接的金具应符合设计要求，连接正确，固定牢靠。

（5）电力电缆终端头和中间接头的电缆防护层剥切长度、绝缘包扎长度及芯线连接强度应符合电缆头制作工艺要求；单相电力电缆的铠装与屏蔽层应两端接地。

1.12.3 质量验收

1. 电力电缆及控制电缆现场检查应符合下列要求：

（1）电缆的规格、型号、长度及电压等级应符合设计要求；

（2）电缆外表面应无绞拧、无划伤，外护套及铠装应完好；

（3）电缆中间接头及终端头附件的规格、型号及电压等级与电缆的规格、型号互相吻合，且应符合设计要求。

2. 电缆在支架或桥架上排列整齐，绑扎牢固；在电缆终端处、穿墙板处、夹层处、进出口处及转弯处应挂有标示牌，标示牌规格应统一，字迹清晰，挂装牢固。

1.13 测试试验

1.13.1 施工要点

1. 各种设备测试试验的项目齐全，满足国家规范要求，试验数据真实可靠。

2. 试验时严格遵守相应要求，防护到位。

1.13.2 质量要点

变电所所有设备间闭锁关系正确，开关动作正确、可靠，且符合设计要求。

1.13.3 质量验收

直流牵引系统应进行远端与近端直流短路试验，短路试验应符合下列要求：

（1）合理选取满足试验要求的变电所和短路点，提高数据准确性、降低短路试验次数。

（2）应采用智能控制箱，远端操作短路设备，并设置紧急切断装置。

（3）短路试验结果应符合设计要求。

1.14 送电开通

1.14.1 施工要点

1. 各变电所受电范围内的工程已全面竣工并经检查验

收合格。

2. 受电范围内的区间 35kV 电缆已敷设完毕且试验合格，具备受电条件。

3. 在变电所内相关的其他专业工程施工完成。

4. 主变电所 35kV 开关站已受电，且具备向牵引、降压变电所送电条件。

5. 各种安全防护、警告牌、标牌等设置齐全，沿受电区段、车站的安全宣传均已就绪。

6. 受电所需的设备、仪器、工具、车辆、材料以及消防用品等已按要求设置。

1.14.2　质量要点

1. 各保护装置动作准确可靠，保护范围符合设计规定。

2. 变电所开关动作准确无误，闭锁功能符合设计规定要求。各种声光信号显示正确，测量仪表指示准确。

1.14.3　质量验收

1. 变电所在启动前应进行传动试验检查，检查试验的项目应保证变电所能可靠地投入运行并满足设计要求。

2. 变电所受电前各电气回路绝缘电阻合格。受电时，其高、低压侧母线电压、相位及相序均符合设计要求。变压器、有源滤波装置冲击合闸试验应无异常。送电后带电负荷运行 24h，全所无异常。

2 环网系统

2.1 一般规定

2.1.1 电缆保管时,电缆端头应密封防潮,电缆敷设前应进行绝缘试验。

2.1.2 电缆敷设时,电缆应从盘的上端引出,避免电缆与支架或地面摩擦。敷设过程中电缆不得发生绞拧。机械敷缆时牵引速度不大于15m/min,牵引平稳,牵引张力不得超过电缆允许范围。

2.1.3 高压电缆终端头与中间接头制作时,应严格遵守制作工艺规程,操作人员应经过培训合格后进行作业。

2.1.4 电缆敷设时的温度环境应满足电缆的技术要求。

2.1.5 制作高压电缆终端头与中间接头时,在施工现场应备有消防器材。室外作业时空气相对湿度应为70%以下,应防止尘埃、杂物落入绝缘内。不得在雾、雨中施工。室内或隧道中施工应有临时电源。

2.1.6 电缆支架上的每一回路电缆应按"品"字形进行绑扎(环网电缆敷设图纸设计说明)。

2.2 环网电缆支架安装

2.2.1 施工要点

1. 在预先测量好的位置上，钻孔时必须保持每组支架的膨胀螺栓孔中心在同一竖直线上。钻孔前在钻头上做一个标记，防止孔打得过深。

2. 用洗孔器清除孔中粉末，在使用胀栓敲击器敲入膨胀螺栓时，使其螺栓套筒全部进入孔洞内并使金属胀片胀开固定进混凝土中。注意孔洞的方向，敲打时勿损伤螺纹。

3. 若打孔遇到钢筋，可适当的横向（沿着线路方向）移动，错开钢筋所在位置进行打孔。

4. 按施工图纸要求的规格型号正确选择支架。

5. 按施工图纸的位置及高度要求安装电缆支架，取下膨胀螺栓的螺母、弹垫与平垫，将支架安放上去，然后装好垫片、弹垫与螺母。

6. 根据不同的安装地点，其安装方式可分为隧道内安装、站台内安装、竖井内安装、过轨顶安装。

2.2.2 质量要点

1. 电缆支架应安装牢固，横平竖直，固定方式应符合设计要求。

2. 电缆转弯处安装的电缆支架，能托住电缆平滑均匀地过渡。在有坡度的电缆沟内或建筑物上安装的电缆支架，应与电缆沟或建筑物有相同的坡度。

3. 在轨行区中区与车站分界，断面变化段、电缆接头段、风口段、电缆在同侧墙爬坡段、电缆过轨段等电缆支架采用特殊型支架替换。

4. 安装支架所用螺栓必须配有一平垫和一弹垫。

2.2.3 质量验收

1. 电缆支架应平整光洁，无锈蚀、无扭曲；切口处应无卷边、毛刺。

2. 锚固件应由第三方进行拉拔测试，并符合设计要求。

3. 支架、吊架安装位置及安装方式应符合设计要求，应固定牢固；支架、吊架各托臂应连接牢固。

4. 支架、吊架应横平竖直、整齐美观，同层托臂应在同一水平面上，其高低偏差不应大于5mm，在同一直线段上的支架、吊架应间距应符合设计要求，左右的偏差不应大于10mm。

2.3 接地制作安装

2.3.1 施工要点

1. 接地扁钢间应可靠搭接。

2. 根据螺栓的大小，把已画好的镀锌扁钢用冲孔机进行冲孔。

3. 扁钢冲孔处要进行防腐处理，先涂一遍防锈漆，再涂两层富锌漆。

4. 在区间伸缩缝处，使用Ω形2m接地扁钢安装。

5. 接地扁钢与变电所夹层内接地扁钢可靠连接。

2.3.2 质量要点

1. 扁钢接头处和冲孔处要用银粉漆进行防锈处理。

2. 安装好的扁钢横平竖直，无扭曲（除竖井外）、无毛刺。

2.3.3 质量验收

1. 接地扁钢与电缆支架采用螺栓可靠连接，接地扁钢之间采用螺栓连接,搭接长度为宽度的2倍,且接触良好。

2. 电缆支架与扁钢连接,扁钢应全线贯通、连接可靠,并与各变电所接地母排连接。

2.3.4 质量要点

1. 检查环网电缆的规格型号、环网电缆敷设位置应符合设计要求。

2. 确认环网电缆进场文件符合性,并对电缆盘外观、标牌信息进行核查。电缆外观不应受损,电缆终端头塑封应严密。

3. 环网电缆敷设前,对环网电缆绝缘电阻进行测量,并记录相应测试值。

2.4 35kV环网电缆敷设

2.4.1 施工要点

1. 从隧道至地面区段的电缆应平缓地过渡,弯曲程度不得小于其最小弯曲半径。

2. 敷设过程中避免绞拧、压扁、表面严重划伤等缺陷。

3. 电缆敷设时使用专用于地铁施工的轨道车。敷设过程中保持动态平衡,车速与电缆展放速度相配合,车速度均匀且不应大于15m/min。看线盘人员必须根据车速来均衡控制线盘转速,不得过快或过慢,防止电缆盘被拉翻。

4. 电缆敷设时并列敷设,其接头的位置宜相互错开。电缆明敷时的中间接头,用托板托置固定。电缆敷设时应排列整齐,不宜交叉,固定牢固。

5. 电缆敷设完成后,应放于支架设计位置并做好信息标记和成品保护措施。

2.4.2 质量验收

1. 电缆在支架上固定时,隧道内同侧敷设的各种电缆应按设计要求排列。设计无要求时按照高压电缆、低压电缆、控制电缆的顺序自上而下排列。

2. 光、电缆敷设时严禁有绞拧、铠装压扁、护层折裂、绝缘破损等机械损伤；光、电缆弯曲半径满足规范要求。

3. 在下列地方应将电缆进行固定：A. 垂直敷设或超过45°倾斜敷设的电缆在每个支架上；B. 水平敷设的电缆，在电缆首末两端及转弯、电缆接头的两端处，当对电缆间距有要求时，每隔5~10m处；沿隧道顶板敷设的电缆，应采用刚性固定卡，沿隧道顶部通过，其间距不大于1m。

4. 在电缆终端头、电缆接头、拐弯处、夹层内、隧道及竖井的两端、人井内等地方，电缆上应装设标志牌。标志牌上应注明线路编号。当无编号时，应写明电缆型号、规格及起讫地点；并联使用的电缆应有顺序号。标志牌的字迹应清晰不易脱落。

5. 电缆在敷设完成后应进行防火封堵，封堵材料应具备防火、阻燃特性。防火材料必须经过技术或产品鉴定，不应对电缆造成腐蚀。

2.5 测试试验

每个回路的高压电缆所有的中间接头及终端头制作完成后，即可对环网电缆进行测试试验，高压电缆的试验包括如下项目：

（1）测量绝缘电阻；
（2）耐压试验并测量泄漏电流；
（3）核对相位。

3 柔性悬挂接触网

3.1 一般规定

3.1.1 接触网工程采用的主要设备、材料、构配件,施工单位应对其外观、规格、型号和质量证明文件等进行检查,并应监理单位进行确认。

3.1.2 接触网工程施工前应按设计文件对支柱杆位进行定测,并应符合下列规定:

 1. 纵向测量应以正线钢轨为依据,从设计规定的起测点或道岔开始。杆位因地形、地物需调整跨距予以避让时,跨距调整幅度为设计跨距的 $-2\sim+1m$,调整后的跨距不得大于设计允许最大跨距。

 2. 站场横向测量中,同组硬横梁支柱中心的连线应与正线中心线垂直。

 3. 隧道口的起测点,为隧道口顶部水平线与线路中心线的交点;对隧道悬挂点、定位点测量定位时,遇有隧道伸缩缝,不同断面接缝或明显渗水、漏水的地方应避开;悬挂点跨距允许在 $+1\sim-2m$ 施工误差范围内调整,但调整后的跨距不得大于设计允许值,锚段总长度应保持不变。

 4. 施工单位按照设计图纸进行基坑开挖。基坑开挖后,地质情况与设计不符时,应及时与设计、监理联系,共同确认变更,施工严格执行变更设计。

3.1.3 混凝土搅拌和灌注以及直埋基础的回填应符合《铁路混凝土工程施工质量验收标准》（TB 10424—2018）的规定。

3.1.4 支柱装配计算，用原始数据的测量应在附加悬挂架设完成后进行。支柱装配计算应采用"支柱装配、软横跨、吊弦预配计算"软件计算。支柱装配的预配应在预配车间的专用预配台具上进行。预配完毕，应进行复测，确保预配正确。

3.1.5 柔性接触网工程观感质量应符合以下规定：

1. 基础表面平整光洁、棱角完整，螺栓无锈蚀现象。
2. 钢柱镀锌层均匀，色调一致，表面光洁，无裂纹，无弯曲，倾度在设计范围内。
3. 连接件镀锌良好。金属配件镀锌层均匀、无剥落。瓷件无缺釉斑点、起泡等现象，表面光洁。线材无断股或松股现象。
4. 吊弦垂直，斜拉线、软定位器回头统一顺直，防腐均匀。
5. 设备本体及其支架无锈蚀现象，瓷件光洁。
6. 标志牌、支柱号码字形端正美观、醒目，底漆均匀，字迹清楚。
7. 电缆标志牌的规格统一，字迹清晰。

3.1.6 接触网送电开通前，应采用 2500V 兆欧表进行各供电臂的绝缘电阻测试试验和导通试验。

3.2 基础浇制

3.2.1 施工要点

1. 商品混凝土和灌注以及直埋基础的回填应符合下列

规定：

(1) 严格掌握水灰比和配合比。

(2) 混凝土各种配料的拌和要均匀，灌注混凝土时，宜连续进行，如必须间断，对不掺外加剂的混凝土间歇时间不宜超过 2h。基础的灌注应水平分层进行，逐层捣实。

2. 同一组硬横跨的支柱基础，基坑应同时开挖。浇筑时，先浇筑一个，再以该基础为基准，检查、校核相对应的另一基坑位置，确认无误后再浇筑。

3. 开挖过程中，每下挖 0.5m，需对基坑的中心复核一次，以防中心偏差超标。

4. 基坑挖深 1m 左右，安装基坑防护板，以防倒塌。

5. 单支柱基坑中心线应垂直于近轨中心线，硬横跨支柱基坑应成组开挖。基坑开口尺寸根据基础类型确定，现场浇制基础的基坑每边应比设计加大 10～30mm。基坑深度按照设计图纸确定。

3.2.2 质量要点

1. 基础限界严格参照施工表，施工允许偏差为 30～80mm，位于两线间的基础应严格居中，施工允许偏差为±10mm。

2. 基础顶面标高应高出地面 200mm，允许偏差±30mm。

3. 施工时无线路或线路未到位的，严格依照施工表中辅助桩的标高施工。基础螺栓外露长度 170mm，允许偏差 0～20mm。

3.2.3 质量验收

1. 运达现场的水泥、砂、石料、钢筋，应按批次进行检验，质量应符合国家标准并应与所配制混凝土的等级相适应。

检验方法和检验数量应符合现行铁道行业标准《铁路混凝土工程施工质量验收标准》(TB 10424—2018)的规定。

2. 在同条件养护下,基础(含拉线基础)的混凝土试块的抗压极限强度不得小于设计值。

3. 同一组硬横跨的基础顶面高程应相等,相对误差不超过±20mm。硬横跨两实心基础间距应符合横梁跨长的要求,且基础的位置符合侧面限界要求。

4. 基础的位置应符合设计要求。同一组硬横跨两基础中心连线应垂直于正线,无正线时垂直于主要线路,硬横跨施工偏差不应大于2°。

5. 拉线基础的位置应符合设计规定,拉线基础宜设在下锚延长线上,施工受影响时,可适当调整。在任何情况下,拉线各部分不得侵入设备限界。

6. 线路两侧和线路中间的基础顶面应高出路肩面100~200m,低于相邻轨面200~600mm;站台及硬化路肩上的基础顶面应高于站台面100mm,允许偏差±30mm。拉线基础高出路肩面100mm,施工偏差±20mm。

7. 基础表面平整、棱角完整,无漏浆、露筋等现象。

8. 基础外形尺寸、地脚螺栓外露长度、间距允许偏差应符合表3-1的规定。拉线基础排水面的尺寸应符合设计要求,并保证排水面顶点距锚杆环内沿的距离不小于100mm。

表3-1 基础外形尺寸、地脚螺栓外露长度、间距允许偏差(mm)

序号	项目	允许偏差
1	螺栓外露长度	+20~0
2	螺栓相互间距	±2
3	螺栓中心位置	±2

续表

序号	项目	允许偏差
4	螺栓埋深	+20～0
5	混凝土保护层	±10
6	基础横断面尺寸	±20

9. 腕臂柱基础的中心线应与线路中心线垂直，偏差不大于3°。

10. 拉线与地面夹角应为45°，特殊困难地区不大于60°。

3.3 钢柱安装

3.3.1 施工要点

1. 支柱安装前将钢柱基础法兰盘表面杂物清理干净，露出基础法兰盘表面。用法兰盘模具检查各螺栓位置。

2. 钢柱堆放时，应符合下列要求：

（1）现场堆码场地应平整结实、无积水。垛底放垫木，防止水泡或泥土污染。

（2）堆码时底层采用180mm×80mm方木垫起，层间垫木可采用80mm×50mm。

（3）为防止支垫物污染钢柱，严禁使用稻草垫。堆放高度不得超过6层。

3. 基础螺栓紧固力矩应符合设计要求。

3.3.2 质量要点

1. 所有中间柱和门架柱一律中心直立。

2. 承导锚柱安装按照30～50mm的标准顺线路向拉线侧倾斜，横向垂直于线路。

3. 转换柱横线路向内倾斜20～30mm，顺线路垂直。

4. 中锚柱横线路向内倾斜 20～30mm，顺线路垂直。

5. 中锚柱按照 20～30 mm 的标准顺线路向拉线侧倾斜，横向垂直于线路。

3.3.3 质量验收

1. 钢柱运达现场应对其进行检查，其质量应符合国家推荐性标准《电气化铁路接触网钢支柱　第 3 部分：环形钢管支柱》（GB/T 25020.3—2016）及设计技术规格书要求。

2. 钢柱型号、规格及安装位置应符合设计要求。

3. 钢柱侧面限界符合设计要求，在任何情况下，不得侵入设备限界，钢柱承载后应直立或向受力反侧略有倾斜，施工允许偏差符合表 3-2 的规定。

表 3-2　钢柱倾斜允许偏差（从基础面算起）　（％）

项目	允许偏差
钢柱顺线路方向应直立	0.5
锚柱端部向拉线侧倾斜	0～1
桥钢柱横线路方向向受力反侧倾斜	0～0.5
13m 高软横跨钢柱横线路方向向受力反侧倾斜	0.5～1
硬横梁钢柱顺、横线路方向均应直立	0.3

4. 钢柱应垂直于线路中心线，允许偏差不得大于 3°，软横跨两根钢柱中心连线均应垂直于车站正线，偏差不应大于 3°。同一组硬横梁两钢柱间距应符合横梁跨长，施工允许偏差±20mm。

5. 钢柱底部主角钢下钢垫片面积不小于 50mm×

100mm，片数不应超过3片，分节组装的钢柱连接应紧固密贴，中间无垫片，中心线与中间法兰连接平面不垂直度不应大于$H/1000$（H代表钢柱的高度）。连接螺栓紧固力矩符合设计要求。

3.4 基础帽

3.4.1 施工要点

1. 应在进行基础帽作业前2日内进行技术交底，所有参与施工人员必须参加技术交底。所有技术交底除口头交底外，要有书面交底记录，交底双方应履行签名手续，交底双方留有书面记录。

2. 应在施工前进行砂浆和水泥的配比试验，混凝土强度应符合相关标准。

3. 支柱基础帽应在支柱承受负载情况后开始施工。

3.4.2 质量要点

1. 浇筑时应使用专用模型卡进行固定，按照设计要求进行浇筑，密实无空隙。

2. 安装模具时应与支柱法兰边沿保持密贴，填充时应尽快逐层填充，力度应适中，以免影响模型状态。

3. 拆模时应用力均匀，抹面应平整、光洁。

3.4.3 质量验收

1. 基础帽混凝土的抗压极限强度不应小于设计值，基础帽应将基础地脚螺栓和钢柱底座全部遮盖。

2. 基础帽的各部尺寸应符合标准要求，偏差不大于±10mm；基础帽表面平整有棱角，表面光洁，成形美观。

3.5 接地、接地极安装

3.5.1 施工要点

1. 作业指导书编制后,应在进行接地极安装作业前2日内进行技术交底,所有参与施工人员必须参加技术交底。所有技术交底除口头交底外,要有书面交底记录,交底双方应履行签名手续,交底双方留有书面交底。

2. 施工前应提前勘察现场环境,选取适当位置安装接地极,尽量避免在水沟附近安装。

3.5.2 质量要点

1. 接地极安装完毕后,需进行接地电阻测试,并记录。

2. 接地电阻值不得大于 10Ω。

3. 各种接地极应符合设计要求,接地棒应离开地下电缆。避雷器的接地极距通信电缆不应小于3m,在地形受限时,应加绝缘保护,但最小距离不应小于1m,接地引线与通信电缆无法避免交叉时,交叉垂直距离不得小于0.5m,交叉角度为90°。

3.5.3 质量验收

1. 接地极、各类接地连接导体、回流引线应按批次进行进场验收,其规格、型号、质量应符合设计要求和相关技术标准的规定。

2. 接触网支柱、隔离开关、避雷器应按设计要求接地。

3. 接地线平直,无明显弯曲;接地电缆宜固定牢固,埋入地下部分不小于100mm,隧道内地线与隧道壁、拱顶密贴,防腐漆无脱落和漏涂现象。镀锌地线的镀层应完好。在沿地下敷设时,宜穿管保护。

4. 接地极埋入地下深度不应小于 0.6m，地面部分涂防锈漆，连接处应除锈涂电力复合脂，连接牢固可靠。

3.6 拉线安装

3.6.1 施工要点

1. 应在进行拉线预制及安装作业前 2 日内进行技术交底，所有参与施工人员必须参加技术交底。所有技术交底除口头交底外，要有书面交底记录，交底双方应履行签名手续，交底双方留有书面交底。测量拉线长度，制作拉线安装施工表，明确拉线类型、长度等参数及所需材料。

2. 施工前检查工具是否能满足施工要求。检查拉线基础及拉环是否完好。

3. 测量前要复核下锚底座安装的高度是否与设计一致。

4. 应严格按照设计图纸进行安装，各调节螺栓的外露尺寸符合设计要求。

3.6.2 质量要点

1. 拉线不得有断股、松散、接头和锈蚀。UT 型线夹螺母外露长度不得小于 20mm，也不得大于螺纹全长的 1/2。拉线安装后应能满足锚柱受力后向拉线侧倾斜 0～100mm 的要求。

2. 在预配过程中发现有底座尺寸，型号不符合施工要求时应及时提出，与技术人员沟通解决办法，拉线要受力紧绷，不得松弛。各底座安装时要水平，按设计要求用扭矩扳手紧固螺栓。若支柱装配为双拉线时，注意两拉线受力均匀。

3. 锚板型号、抗压极限强度、埋设深度及锚板拉杆规格均符合设计要求。锚板拉杆与拉线在一条直线上，锚板垂直于拉线。锚板拉杆与地面夹角宜为45°，特殊困难地段不得大于60°。

3.6.3 质量验收

1. 线材运达现场应先进行检查，质量应符合相关标准规定。

2. 锚柱拉线宜设在锚支的延长线上，在任何情况下严禁侵入设备限界，当地形受限时，按设计要求施工。

3. 拉线基础中心距线路中心的距离应符合侧面限界的要求。

4. 拉线型号应符合设计要求，不得有断股、松股和接头，两条拉线受力均衡。

5. 拉线底座水平，应与支柱密贴，连接件镀锌层无脱落和漏镀现象，钢绞线拉线无锈蚀现象并涂防腐油防腐。回头绑扎牢固。

6. 锚柱拉线施工允许偏差应符合表3-3规定。

表3-3 锚柱拉线允许偏差（mm）

项目	允许偏差
钢绞线在楔形线夹的回头长度	300～500
回头和本线的绑扎长度为100mm	±10
UT型楔形线夹受力后螺栓外露	≥20且≤螺栓全长的1/2

7. 下锚拉线环应采用热镀锌防腐处理，其相对支柱的朝向符合设计规定。

3.7 门型支架安装

3.7.1 施工要点

1. 应在门型支架安装前2日内进行技术交底，所有参与施工人员必须参加技术交底。所有技术交底除口头交底外，要有书面交底记录，交底双方应履行签名手续，交底双方留有书面交底。施工前复合材料的型号、长度、法兰盘螺栓孔距，如不符合设计要求及时找出原因并解决。

2. 施工前应提前确定运输路径，检查附近的环境状况，确定合适的起吊地点。确保起吊线路上无障碍物。

3. 搬运时注意保护材料的弯曲部位，注意保护外包装，防止划伤镀锌层。

3.7.2 质量要点

1. 在门型安装时，连接套管的出水孔应向下。

2. 连接套管在安装时应使两横梁段外露对称。

3. 横梁承载前的预拱度符合设计要求，横梁承受全部荷载后应呈水平状态，不得有负拱度。

3.7.3 质量验收

1. 门型支架运达现场应进行检查，其质量应符合铁路行业标准及设计技术规格书要求。

2. 门型支架的安装高度及水平度应符合设计要求。

3. 现场焊接时，焊缝与母材应过渡平滑，焊缝表面余高不得高于3mm。焊缝和热影响区表面不得有漏焊、裂缝、气孔、弧坑和夹渣等缺陷。焊接完成后应对焊接部位进行打磨处理，并喷涂防锈漆及表面漆，保证焊接部位不锈蚀。

3.8 软横跨

3.8.1 施工要点

1. 应在进行软横跨预制及安装作业前2日内进行技术交底，所有参与施工人员必须参加。所有技术交底除口头交底外，要有书面交底记录，交底双方应履行签名手续，交底双方留有书面交底。制作固定绳安装施工表，明确固定绳类型、长度等参数及所需材料。

2. 固定绳长度要符合设计要求，电分段作用明确，在作业平台上方安装固定绳时，无电区段必须相应地安装地线。

3. 固定绳预制过程中要注意做好标记，便于现场组装。在安装过程中要时刻防止各节点的绝缘子碰到钢轨造成破坏。在固定绳提升时，要求缓慢，以防固定绳挂上道钉。固定绳安装完毕后，各部位连接紧密，绳体紧绷不松弛。

4. 先安装上部固定绳，待放线后再安装下部固定绳。

3.8.2 质量要点

1. 连接螺栓穿向统一原则：零件本体穿向附件，垂直安装的螺栓由下向上穿；水平安装并垂直支线路的螺栓由线路向田野穿（停车场、车辆段的方向统一）；水平安装并平行线路的螺栓由大里程向小里程穿；定位器螺栓统一穿向受力反方向。

2. 所有螺母、垫片齐全，开口销掰开角度不小于$60°$，开口处不得有裂纹、折断现象。

3.8.3 质量验收

1. 线材运达现场应进行检查，其质量应符合设计要求和相关标准的规定。外观质量应符合下列规定：

（1）镀锌钢绞线、镀铝锌钢绞线不得有断股、交叉、折叠、硬弯、松散等缺陷；如有缺陷应按规定进行处理；

（2）镀锌钢绞线表面镀锌良好，不得锈蚀；

（3）镀铝锌钢绞线镀层良好。

2. 固定角钢安装高度应符合设计要求，横向承力索至上部固定索最短吊弦处距离为400～600mm，简单悬挂的软横跨承力索与定位索的最小距离符合设计要求，施工偏差±100mm，软横跨受力后，固定索及定位索应水平，允许有轻微负弛度。

3. 横向承力索及上、下部固定索不得有接头，连接螺栓紧固力矩符合设计要求。双横承力索的软横跨，两根承力索应平行，受力均匀，V形连接板无偏斜。

4. 半斜链形悬挂软横跨的直吊弦在直线区段应在线路中心，曲线区段与接触线（拉出值）在同一垂直面内。直链形悬挂承力索与接触线应在同一垂直面内，调整螺栓螺丝外露长度应为20mm至螺纹全长的1/2。钢绞线在线夹内的回头符合设计要求，软横跨固定索受力均匀。钢绞线和螺纹外露部分涂油防腐，电分段的绝缘子在同一垂直面内。

5. 软横跨安装的允许偏差应符合表3-4的规定：

表3-4 软横跨安装允许偏差范围表（mm）

项目	允许偏差
固定角钢安装高度	±20
站台上方的绝缘子裙边与站台边缘齐	±100
杵头杆螺栓外露	20～80

3.9 支柱装配

3.9.1 施工要点

1. 应在进行支柱装配作业前2日内进行技术交底，所有参与施工人员必须参加。所有技术交底除口头交底外，要有书面交底记录，交底双方应履行签名手续，交底双方留有书面交底。

2. 施工前进行高程测量,用水准仪将轨平面放线到各定位支柱上。根据每个支柱处的导线高度确定底座安装位置。

3.9.2 质量要点

1. 所有连接件应满足设计的力矩要求,螺母、垫片齐全。底座水平,零件活动部分应保证转动灵活。高度误差控制在允许范围内。

2. 底座安装高度应严格遵照设计要求,以轨面高度为基准点向上测量,各类底座安装完毕后与支柱紧密贴合,不要留有空隙。

3.9.3 质量验收

1. 金具、零配件运达现场应进行检查,其质量应符合《电力金具通用技术条件》(GB/T 2314—2008)、《电气化铁路接触网零部件技术条件》(TB/T 2073—2010)及有关标准的规定。其外观质量应符合下列规定:

(1) 规格应相符,零件配套齐全;

(2) 表面光滑,无裂纹、伤痕、砂眼、气泡等缺陷;

(3) 线夹与线索接触面应平滑、平整,并应与线索截面规格相符;

(4) 黑色金属制造的金属零件,均采用防腐措施。凡经热镀锌的零件,锌层均匀,无锌层剥落、漏镀、锈蚀现象。

(5) 螺杆与螺母的配合良好,并具有防松措施。

2. 腕臂安装位置及连接螺栓紧固力矩应符合设计要求,在平均温度时,应垂直于线路中心,温度变化时的偏移不得大于计算值。腕臂无弯曲,承力索悬挂点距轨面的高度应符合设计要求,允许偏差±20mm。

3. 平腕臂受力后呈水平状态，允许偏差为＋30～0mm；定位管的状态应符合设计要求，允许偏差为±2％。

4. 双线路腕臂安装高度及连接螺栓紧固力矩应符合设计要求，腕臂无下俯。

5. 全补偿、半补偿链形悬挂的腕臂安装位置及连接螺栓紧固力矩符合设计要求。在平均温度时其应垂直于线路中心，温度变化时的偏移不得大于计算值。腕臂无弯曲，承力索悬挂点距轨面的高度符合设计要求，允许偏差±20mm。

6. 底座与支柱密贴，底座槽钢（或角钢）呈水平。腕臂各部件处在同一垂直面内（不包括定位装置）。顶端管帽封堵良好，螺纹外露部分均涂防腐油。

3.10 定位器及定位装置安装

3.10.1 施工要点

1. 应在进行定位器及定位装置安装作业前 2 日内进行技术交底，所有参与施工人员必须参加。所有技术交底除口头交底外，要有书面交底记录，交底双方应履行签名手续，交底双方留有书面交底。

2. 定位器螺栓统一穿向受力反方向，所有螺母、垫片应齐全，开口销掰开角度不小于 60°，开口处不得有裂纹、折断现象。

3.10.2 质量要点

1. 定位器安装应符合设计要求，在平均温度时应垂直于线路中心线。

2. 温度变化时，定位器的偏移量与接触线在该点的伸缩量应一致，其偏角最大不得大于 18°，保证接触导线能自由地伸缩移动。

3. 定位器倾斜度应保证定位线夹处导线工作面与轨面连线平行。限位定位器的限位间隙应符合设计要求。

3.10.3 质量验收

1. 设计无明确要求时定位管宜水平，在平均温度时应垂直于线路中心线。定位管在支持器外露应在 50~80mm 范围内，定位线夹处的导线应与轨面平行，转换支柱处两定位器能分别随温度变化可自由移动，不卡滞，接触线非工作支和工作支定位器、管之间的间隙不小于 50mm，螺栓紧固力矩值符合设计要求。

2. 定位器各部螺栓紧固牢靠，螺纹外露部分涂防腐油防腐（不锈钢除外），软定位器回头统一顺直，管帽齐全。

3.11 承力索架设

3.11.1 施工要点

1. 应在进行承力索架设作业前 2 日内进行技术交底，所有参与施工人员必须参加。所有技术交底除口头交底外，要有书面交底记录，交底双方应履行签名手续，交底双方留有书面交底。施工前应复核承力索长度及配盘。

2. 施工前应检查所有的悬挂点和下锚底座、拉线是否已安装到位，符合设计要求，满足承力索架设、安装要求。

3. 挂线的放线滑轮应和承力索配套，采用铝滑轮（即专用放线滑轮），放线用的铁线套子应双股使用。

3.11.2 质量要点

1. 棘轮应转动灵活，坠砣完整无损，排列整齐，保证坠砣不被支柱或其他物件卡滞。

2. 张力补偿装置应符合设计要求，补偿绳应无磨支柱或拉线现象。

3.11.3 质量验收

1. 线材运达现场的质量检验除符合第 3.8.3 中 1 条外，还应符合下列规定：

（1）所用绞线不得有断股、交叉、折叠、硬弯、松散等缺陷；如有缺陷应按规定进行处理；

（2）所用绞线不得有锈蚀现象。

2. 承力索的线材规格、型号应符合设计要求。

3. 承力索在每个锚段内不应有接头，特殊情况下需征得设计单位的同意。

3.12 接触线架设

3.12.1 施工要点

1. 施工前应先检查所有的悬挂点和下锚底座是否已安装到位，是否符合设计要求，满足导线架设、安装要求。

2. 接触线架设完毕后应检查导线有无刮伤现象；检查定位器的偏移是否和腕臂保持一致，腕臂是否在两定位器的中间位置。

3.12.2 质量要点

1. 接触线终端锚固应符合设计规定。

2. 接触线架设完成后，接触线应无扭面且不得有硬弯。

3.12.3 质量验收

1. 线材运达现场应进行检查，其质量应符合《电气化铁路用铜及铜合金接触线》（TB/T 2809—2017）的规定。

2. 接触线应按设计锚段长度对号架设，接触线不允许有接头。

3. 接触线交叉时，站场正线及重要线的接触线应在下方，侧线及次要线的接触线应在上方。

3.13 中心锚结安装

3.13.1 施工要点

1. 应在进行中心锚结安装作业前 2 日内进行技术交底，所有参与施工人员必须参加。所有技术交底除口头交底外，要有书面交底记录，交底双方应履行签名手续，交底双方留有书面交底。

2. 链形悬挂的中心锚结应安装在设计指定跨距中间的位置上，中心锚结线夹两端锚结绳的张力与长度应尽量相等。

3. 中心锚结线夹处接触线的高度应与相邻吊弦点接触线等高，允许偏差+10~0mm。

3.13.2 质量要点

1. 中心锚结绳不得侵入弹性吊弦范围，当中心锚结绳的吊弦与弹性吊弦的间距小于 2m 时应合并为一根，安装在中间位置，中心锚结范围内不得装设环节吊弦。

2. 接触线中心锚结所在的跨距内不得有接触线接头和补强，接触线中心锚结范围内不得安装吊弦和电连接器。

3.13.3 质量验收

1. 金具、零配件运达现场应进行检查，其质量应符合《电力金具通用技术条件》(GB/T 2314—2008)、《电气化铁路接触网零部件技术条件》(TB/T 2073—2010) 及有关标准的规定。其外观质量应符合下列规定：

（1）规格应相符，零件配套齐全；

（2）表面光滑，无裂纹、伤痕、砂眼、气泡等缺陷；

（3）线夹与线索接触面应平滑、平整，并应与线索截面规格相符；

（4）黑色金属制造的金属零件，均采用防腐措施。凡经热镀锌的零件，锌层均匀，无锌层剥落、漏镀、锈蚀现象；

（5）螺杆与螺母的配合良好，并具有防松措施。

2. 腕臂安装位置及连接螺栓紧固力矩应符合设计要求。在平均温度时，其应垂直于线路中心；温度变化时的偏移不得大于计算值。腕臂无弯曲，承力索悬挂点距轨面的高度应符合设计要求，允许偏差±20mm。

3. 平腕臂受力后呈水平状态，允许偏差为+30～0mm；定位管的状态应符合设计要求，允许偏差为±2%。

4. 双线路腕臂安装高度及连接螺栓紧固力矩应符合设计要求，腕臂无下俯。

5. 全补偿、半补偿链形悬挂的腕臂安装位置及连接螺栓紧固力矩符合设计要求。在平均温度时其应垂直于线路中心，温度变化时的偏移不得大于计算值。腕臂无弯曲，承力索悬挂点距轨面的高度符合设计要求，允许偏差±20mm。

6. 底座与支柱密贴，底座槽钢（或角钢）呈水平。腕臂各部件处在同一垂直面内（不包括定位装置）。顶端管帽封堵良好，螺纹外露部分均涂防腐油。

3.14 吊弦及吊索安装

3.14.1 施工要点

1. 应在进行吊弦及吊索安装作业前 2 日内进行技术交

底，所有参与施工人员必须参加。所有技术交底除口头交底外，要有书面交底记录，交底双方应履行签名手续，交底双方留有书面交底。

2. 吊索应受力均匀，悬挂点导高应满足设计要求。

3.14.2 质量要点

1. 站场内几股道同类型悬挂的吊弦应布置在同一断面内。

2. 吊弦制作应符合设计要求，安装位置符合设计要求。

3. 吊索安装应符合设计要求，吊索以吊索座为中心，两侧平分，允许偏差±100mm，两端受力均匀。悬挂点接触线高度应符合设计要求，允许偏差±30mm。

4. 吊索座应受力方向正确，直线区段吊索线夹端正、牢固，曲线地段吊索线夹应垂直于接触线工作面，螺栓紧固力矩应符合要求。采用镀锌钢绞线的吊索及螺栓螺纹部分涂油防腐。

3.14.3 质量验收

1. 器材进场的质量检验应符合第 3.13.3 中 1 条的规定。

2. 整体吊弦布置应符合设计要求，位置偏差在±100mm范围内，长度偏差应在±2mm以内。吊弦应无散股和断股现象。线夹连接螺栓紧固力矩符合设计要求。

3. 平均温度时整体吊弦顺线路方向垂直安装，温度变化时，顺线路的偏移量：承力索、接触线材质不同时，偏移量应符合设计要求，承力索、接触线采用同一材质时，在任何温度下均垂直安装，直线区段吊弦线夹应端正、牢固，曲线区段吊弦线夹应垂直于接触线工作面。

4. 整体可调吊弦回头统一，区段上、下行平行时吊弦应在同一断面内。

3.15 接触悬挂调整

3.15.1 施工要点

1. 在进行接触悬挂调整作业前 2 日内进行技术交底，所有参与施工人员必须参加。所有技术交底除口头交底外，要有书面交底记录，交底双方应履行签名手续，交底双方留有书面交底。

2. 测量时需注意：在进行接触线高度的测量时，以接触线最低面为准；在进行双接触线拉出值测量时，以远离线路中心的接触线中心为准。

3. 调整完毕后，再进行复测，在曲线区段，重点复测跨中的拉出值有无大于设计值的现象，并做好记录。

3.15.2 质量要点

1. 接触线工作面必须端正，工作部分不得扭转、弯曲，各种线夹均应端正。

2. 接触线导高允许偏差不大于 30mm，接触线拉出值允许偏差不超过 30mm。

3. 接触线距轨面高度变化时，其坡度不大于 3‰，特殊困难情况下不大于 5‰。

4. 接触线跨中拉出值不超过受电弓工作长度。

5. 若发现接触线破损则更换整条接触线，若有扭面现象则依次松开较近下锚方向的定位线夹，用扭面器将其扭正。每调整一个悬挂点注意及时将上一个悬挂点回复，防止接触线脱落。承力索与接触线不同面时调整附近腕臂上的双线支撑线夹，使承力索与接触线同面。

3.15.3 质量验收

1. 接触悬挂空气绝缘应满足表 3-5 中的规定。

表 3-5 接触悬挂空气绝缘满足条件

标称电压（V）	静态（mm）	动态（mm）	绝对最小动态（mm）
1500	150	100	60

2. 在线路轨道调整完成后，接触线悬挂点距轨面的高度应符合设计要求，允许偏差为±30mm，且应符合下列要求：

（1）接触线工作支悬挂点高度变化时，其坡度不大于2‰，困难区段不大于4‰。

（2）关节转换跨各悬挂点两接触线高度应符合设计要求，允许偏差±10mm。

3. 弹性简单悬挂同一吊索两吊索线夹处接触线距轨面连线的高度应符合设计要求，并等高，且相互偏差不应大于±20mm。

4. 接触线拉出值的布置符合设计要求，允许偏差±30mm。在任何情况下其导线偏移值（相对于受电弓中心）不宜大于400mm。

5. 绝缘锚段关节内两接触线间、接触悬挂其他各带电部分的绝缘距离应符合设计要求，允许偏差±30mm，转换柱中间两接触线应等高，并应符合设计要求。

6. 非绝缘关节转换支柱处两接触线间垂直、水平距离应符合设计要求，允许偏差±20mm，两转换柱跨中间两接触线应等高，并应符合设计要求。

7.全补偿简单链型悬挂接触线跨中预留弛度应符合设计要求。

3.16 补偿装置安装

3.16.1 施工要点

1.应在进行补偿装置安装作业前2日内进行技术交底，所有参与施工人员必须参加。所有技术交底除口头交底外，要有书面交底记录，交底双方应履行签名手续，交底双方留有书面交底。施工前检查补偿装置是否完好，型号是否满足设计要求。

2.安装定滑轮装置时应避免补偿绳与拉线相磨，应使滑轮偏向线路侧。

3.16.2 质量要点

1.滑轮状态必须符合设计并应完整无损，滑轮有槽内应灌注黄油，使滑轮转动灵活。补偿绳不得松股、断股等缺陷，不得有中间接头。

2.棘轮补偿安装时，棘轮应垂直，无偏斜扭曲现象，补偿绳与棘轮应不磨制动块及导向轮边缘，补偿传动灵活。

3.16.3 质量验收

1.承力索、接触线在弹簧补偿装置的额定张力应符合设计要求，补偿器质量的偏差为额定质量的±2%（坠砣串质量含坠砣杆、坠砣抱箍及楔形线夹的质量），限制架安装应符合设计要求，补偿传动灵活，坠砣串无卡滞现象。

2.补偿装置的调整应符合设计安装曲线，坠砣距地面偏差不大于±200mm，在任何情况下距离地面不得小于

200mm。坠砣完整、码放整齐、表面光洁，其缺口相互错开180°，连接螺栓紧固，螺栓外露部分涂防腐油。

3.17 电连接线安装

3.17.1 施工要点

1. 应在进行电连接安装作业前 2 日内进行技术交底，所有参与施工人员必须参加。所有技术交底除口头交底外，要有书面交底记录，交底双方应履行签名手续，交底双方留有书面交底。

2. 地面段要尽量靠近支柱安装，防止电连接线刮弓。

3. 电连接不得安装在始触区内。

3.17.2 质量要点

1. 电连接设置不得影响受电弓的正常取流。

2. 电连接弛度预留满足接触悬挂受温度影响而偏移的要求。

3. 在进行安装时，软铜线电连接不得有散股、断股现象。

3.17.3 质量验收

1. 电连接线所用材质、线夹规格型号及安装形式应符合设计要求，并预留因温度变化接触悬挂产生伸缩的位移长度。

2. 电连接线的安装位置应符合设计要求，偏差不大于±500mm，在任何情况下均应满足带电距离要求。

3. 电连接线与线夹接触应良好，并涂电力复合脂，电连接线夹应端正牢固，螺栓紧固力矩应符合设计要求。

4. 多股道的电连接在平均温度时应垂直于正线或重要

线。平均温度时，全补偿承力索、接触线采用同材质时应垂直安装；不同材质时应按吊弦计算偏差值安装；半补偿链形悬挂同吊弦安装；电连接线不应有断股和松股现象。

3.18 线岔安装

3.18.1 施工要点

1. 应在进行线岔安装作业前 2 日内进行技术交底，所有参与施工人员必须参加。所有技术交底除口头交底外，要有书面交底记录，交底双方应履行签名手续，交底双方留有书面交底。

2. 线岔始触区的测量：车辆在直股线路上通过时将测杆挂在侧股导线上，测量线坠与直股线路中心的距离，当线坠与直股线路中心的距离为 400mm 时，线坠悬挂处即 A 点，当线坠与直股线路中心的距离为 850mm 时，线坠悬挂处即 B 点。AB 之间区段即为始触区。直股线路的始触区测量方法与侧股的相同。

3. 交叉点的测量：将线坠挂与两接触线交叉点，时线坠尖部略高于轨面，在线坠处用钢卷尺测量道岔导曲线梁内轨间距及线坠位置，线坠应在道岔导曲线内轨间距 630～800mm 的位置。

3.18.2 质量要点

在始触区至接触线的交点处，正线和侧线接触线应位于受电弓的同一侧，且在该区域内不得安装除吊弦线夹外的其他任何线夹或设备零件。

3.18.3 质量验收

1. 线岔运达现场应进行检查，其质量应符合铁道行业标准《电气化铁路接触网零部件 第10部分：线岔》(TB/T 2075.10—2010)及其他有关规定。

2. 单开道岔采用交叉布置方式时，道岔定位柱及拉出值应保证两接触线交叉点位于设计规定的范围内。两工作支拉出值在任何情况下不得大于450mm，侧线接触线应高出正线接触线10～20mm。非工作支抬高量应符合设计要求。当采用无交叉布置方式时，定位点处侧线接触线高度应符合设计规定。

3. 复式交分道岔采用交叉布置方式时，两接触线应相交于道岔对称中心交点正上方处，交叉渡线、两接触线应相交于两渡线中心线交点正上方处，且侧线接触线高出正线（重要线）的接触线10～20mm，非工作支抬高量应符合设计要求。复式交分和交叉渡线的交叉点允许横、纵向偏差均为50mm。

3.19 隔离开关安装

3.19.1 施工要点

1. 应在开工前组织技术人员认真学习实施性施工组织设计，阅读、审核施工图纸，澄清有关技术问题，熟悉规范和技术标准。制定施工安全保证措施，提出应急预案。对施工人员进行技术交底，对参加施工人员进行上岗前技术培训，考核合格后持证上岗。

2. 隔离开关本体及操作机构安装位置应符合设计要求，任何情况下不得侵入设备限界，开关本体带电部分应满足绝缘距离要求。

3. 隔离开关刀闸部分应接触紧密，两侧的接触压力均匀，符合产品技术规定。带有接地刀闸的隔离开关，接地刀闸与主触头间的机械或电气的闭锁应准确可靠。电缆引线应连接牢固，并预留因温度变化的偏移量。

4. 隔离开关触头带电部分至顶部建筑物距离不小于500mm，至隧道壁不应小于150mm。

3.19.2 质量要点

1. 现场就地操作隔离开关的分、合状态应和遥控操作保持一致。

2. 隔离开关分、合闸顺畅，角度符合产品技术文件要求。触头接触良好，无回弹现象。

3. 隔离开关底座和操作机构底座与架空地线相连。

4. 隔离开关触头表面应平整、清洁，并应涂电力复合脂。

5. 隔离开关传动杆与操作机构轴线一致，并连接牢固，无松动现象，机械传动灵活、稳定，无卡滞现象。

3.19.3 质量验收

1. 隔离开关的型号应符合设计要求，应具有产品合格证书，所有部件、附件应齐全，无损伤变形及锈蚀，瓷件应无裂纹及破损。电气性能应符合《电气装置安装工程　电气设备交接试验标准》(GB 50150—2016) 的规定。

2. 电动隔离开关的电源和控制回路接线正确，接线端子接触良好，无松弛、脱落现象。有连锁要求的开关，连锁要求正确可靠。操作机构传动操作应轻便灵活，机构的分、合闸指示与开关的实际分、合位置一致。

3. 隔离开关的1500V直流电缆连接正确牢固。上网引线应预留适当的位移长度，电缆不应压在接触网上，电缆质量应由支架或卡子承载。电缆上网点应尽量靠近悬挂点。

3.20 避雷器及放电间隙安装

3.20.1 施工要点

1. 应在避雷器及放电间隙安装开工前2日内组织技术人员认真学习实施性施工组织设计，阅读、审核施工图纸，澄清有关技术问题，熟悉规范和技术标准。制定施工安全保证措施，提出应急预案。对施工人员进行技术交底，对参加施工人员进行上岗前技术培训，考核合格后持证上岗。

2. 应使用U形卡箍把电缆与腕臂或吊索固定，每隔0.5m固定一次，当不足0.5m的尾数时，根据现场需要确定。

3. 避雷器接地电缆用电缆抱箍与支柱固定，固定间距应符合设计要求。

4. 应严格按照施工设计图纸及避雷器安装技术文件要求安装避雷器本体及支架。

3.20.2 质量要点

1. 瓷套管应光洁，金属件镀锌良好。

2. 避雷器应竖直，支架水平，连接牢固可靠，放电间隙表面光洁、无裂纹、无破损，螺栓紧固无松动。

3. 避雷器的接地电阻值应符合设计要求。

3.20.3 质量验收

1. 避雷器、放电间隙运达现场应进行检查，其质量应符合有关标准的规定。

2. 避雷器、放电间隙安装位置、规格型号、引线连接方式应符合设计要求，引线正确牢固，并预留因温度变化而引起的位移长度。

3. 避雷器及放电间隙的接地方式应符合设计要求。

4. 肩架呈水平状态,两极棒水平,并在同一条直线上,引线连接外加应力不超过端子本身承受的应力,连接处涂电力复合脂。

3.21 分段绝缘器安装

3.21.1 施工要点

1. 应在进行分段绝缘器安装作业前 2 日内进行技术交底,所有参与施工人员必须参加。所有技术交底除口头交底外,要有书面交底记录,交底双方应履行签名手续,交底双方留有书面交底。

2. 施工前应检查各种设备是否完好,各设备绝缘子应整洁,零件应配备齐全,产品合格证、产品技术文件和安装手册是否齐全。

3. 安装前应先按照调试手册要求进行初调,将各种设备的小器件根据施工设计图纸,先在预配车间进行组装。

3.21.2 质量要点

1. 分段绝缘器本体外观应无损坏,绝缘棒应完好、整洁,绝缘性能良好,零件应配备齐全,产品合格证、产品技术文件和安装手册齐全。

2. 分段绝缘器铜滑轨上固定螺栓紧固力矩应符合设计要求。

3. 分段绝缘器中点应设置在受电弓的中心位置上(即拉出值为 0mm),偏离受电弓中心线的范围应符合设计要求。

4. 分段绝缘器距相邻悬挂定位点的距离符合设计要求,

允许误差应符合设计要求。

3.21.3　质量验收

1. 分段绝缘器运达现场应进行检查，其质量应符合铁路行业标准《电气化铁路接触网分段绝缘器》（TB/T 3036—2016）的规定。

2. 分段绝缘器安装位置应符合设计要求，连接牢固可靠，与接触线接头处应平滑，分段绝缘器与受电弓接触部分与轨面连线平行，受电弓通过时应平滑无打弓现象。

3. 分段绝缘器两端接触线高度应符合产品说明书和设计要求。平均温度时承力索（吊索）的绝缘子应在绝缘器件的正上方。

4. 分段绝缘器安装后应保持原有锚段的张力及补偿器距地面的原有高度。

3.22　附加导线架设

3.22.1　施工要点

1. 应在进行附加导线架设作业前2日内进行技术交底，所有参与施工人员必须参加。所有技术交底除口头交底外，要有书面交底记录，交底双方应履行签名手续，交底双方留有书面交底。

2. 附加导线架设时应注意线盘安放位置与线索路径要有一定的角度，确保附加导线在钢柱上不摩擦。

3. 无论采取何种牵引架设方式都必须保证附加导线的完整性，每行进一段距离后应及时将线索悬挂在附加导线肩架上的放线滑轮内。

4. 紧线时应安排至少3人在锚段内检查是否有卡滞现

象,避免对导线造成损伤。

3.22.2 质量要点

1. 附加导线在下锚时应使用张力计测定下锚张力,根据当时的温度及当量跨距查得设计张力,在达到设计张力要求后方可下锚。

2. 下锚后应检验锚段内的实际弛度参数,实际的施工弛度要依据当时的温度及张力曲线表进行计算。

3.22.3 质量验收

1. 线材运达现场应进行检查,其质量应符合设计要求和相关标准的规定,外观质量且应符合下列规定:

(1) 镀锌钢绞线、镀铝锌钢绞线不得有断股、交叉、折叠、硬弯、松散等缺陷,如有缺陷应按规定进行处理;

(2) 镀锌钢绞线表面镀锌良好,不得锈蚀;

(3) 镀铝锌钢绞线镀层良好。

2. 附加导线弛度应符合设计要求,其允许偏差为+5%~2.5%。

3.23 标志牌、支柱号码安装

3.23.1 施工要点

应在进行标志牌、支柱号码安装作业前2日内进行技术交底,所有参与施工人员必须参加。所有技术交底除口头交底外,要有书面交底记录,交底双方应履行签名手续,交底双方留有书面交底。

3.23.2 质量要点

标志牌字迹清楚、醒目,支柱号码采用反光号码牌,且质量和安装位置应符合设计规定。

3.23.3 质量验收

1."高压危险"标志牌安装在电气设备及行人较多的支柱下，安装高度及所用材质符合设计要求。

2."安全作业区""接触网终点标"安装高度及所用材质符合设计要求，在任何情况下，便于瞭望，并不得侵入限界。

3.24 支柱防护、限界门安装

3.24.1 施工要点

1. 应在进行支柱防护、限界门安装作业前 2 日内进行技术交底，所有参与施工人员必须参加。所有技术交底除口头交底外，要有书面交底记录，交底双方应履行签名手续，交底双方留有书面交底。

2. 照施工设计图纸，结合现场实际情况，测量支柱、防护桩位置，开挖基坑。支柱坑深不小于 1.8m，防护桩埋深不小于 0.8m。

3. 限界门支柱一般采用汽车吊吊立，防护桩人工立。支柱基坑回填土应分层夯实。

3.24.2 质量要点

1. 限界门下拉杆下缘距实际地面的距离不得大于设计要求。

2. 限界门下拉索应呈水平状态。

3. 支柱防护尺寸应符合设计要求，整体成形，坚固可靠。

3.24.3 质量验收

1. 机动车辆活动场所及货物站台上的支柱防护应符合

设计要求，在任何情况下不得侵入设备限界。

2. 限界门安装形式、限制高度应符合设计要求，支柱受力后应直立并略有外倾。

3. 限界门下拉索（杆）呈水平状态，限高标志面采用反光材料，字迹清晰醒目。支柱及防护桩涂黑白相间油漆均匀，无脱落现象。

3.25 冷滑试验及送电开通

3.25.1 施工要点

1. 应在进行冷滑试验作业前2日内进行技术交底，所有参与施工人员必须参加。所有技术交底除口头交底外，要有书面交底记录，交底双方应履行签名手续，交底双方留有书面交底。

2. 冷滑试验进行前应满足下列条件：

（1）接触网所有安装工序已结束；

（2）限界检测车已对所有接触网设备进行了检测，解决了所有的侵限问题。

3.25.2 质量要点

电弓应平稳通过锚段关节、道岔、分段绝缘器、中心锚结线夹、电连接线夹、刚柔过渡段等部件安装处，无碰弓、刮弓现象，无明显硬点，无脱弓、钻弓现象。

3.25.3 质量验收

1. 冷滑试验及送电开通前，应对影响安全运营的通信线路、电力线路、建筑物等进行全面检查，并应符合下列规定：

（1）通信线路和电力线跨越接触网时，距接触网的垂直距离应符合有关规定；

（2）跨越接触网的立交桥及构筑物防护栅网安装应符合设计要求，安装牢固，接地良好。

2. 冷滑试验应采用接触网专用作业车冷滑，分别以低速、中速、高速 3 次进行。

3. 受电弓在正常情况下距离接地体间隙应不小于 100mm。困难情况下应不小于 60mm。

4. 开通区段接触网绝缘良好。接触网送电后，各供电臂始、终端确保有电。

4 刚性接触网

4.1 一般规定

4.1.1 对接触网工程采用的主要设备、材料、构配件的外观、规格、型号和质量证明文件等进行验收。对涉及结构安全和使用功能设备、材料、构配件应进行检验。

4.1.2 接触网工程施工前应按设计文件对悬挂点进行定测，纵向测量应以正线钢轨为依据，从设计规定的起测点或道岔开始。悬挂点因隧道内其他构筑物、隧道伸缩缝等影响需调整避让时，调整后的跨距不得大于设计允许最大跨距，并满足相邻跨距比原则。

4.1.3 接触网带电部分和接地体之间的最小净距，应符合表 4-1 的规定。

表 4-1 接触网带电部分和接地体之间的最小净距

标称电压（V）	静态（mm）	动态（mm）	绝对最小动态（mm）
1500	150	100	60

4.1.4 接触网送电开通前，采用 2500V 兆欧表，进行各供电臂的绝缘电阻测试试验和导通试验。

4.2 埋入杆及底座安装

4.2.1 施工要点

1. 技术人员根据测量数据，编制悬挂钻孔类型表和钻孔技术要求，向施工班组下达施工作业任务书，施工班组检查核对现场隧道壁上标明的悬挂类型数据无误后，按悬挂钻孔类型选用冲击钻头和钻孔模板，根据钻孔深度设置好深度尺。

2. 锚栓钻孔前设置好电钻上的深度尺，达到钻孔深度后无法再向内钻入。钻孔时，保持钻头垂直于水平面或隧道壁，将尘屑吹向无人侧。钻孔完成后，测量检查孔深、孔距等尺寸并做好钻孔记录。

3. 化学药剂锚栓安装前必须彻底清除孔屑，利用专用注胶工具进行锚栓灌注，安装到位后，严禁再触动锚栓。

4. 锚栓灌注完成后按照不同规格锚栓的拉力值进行锚栓的拉拔试验。

4.2.2 质量要点

1. 如在钻孔过程中遇到隧道空洞、隧道漏水渗水现象，立即停止钻孔，在隧道壁上做好标记，记录下该处里程、钻入深度及时报告监理工程师，到现场检查核实，联系土建单位注浆处理。经确认其满足接触网安装要求后，重新钻孔安装，并进行锚栓拉力测试。

2. 化学药剂应在常温下储存，使用前应检查其是否在有效期内和有无失效。

3. 拉力测试时应严格按设计规定的测试负荷和抽检数量，使用拉拔测试仪对已安装的锚栓进行拉力测试。

4.2.3 质量验收

1. 埋入杆件的埋设位置、埋设深度、规格型号应符合设计要求。

2. 隧道埋入杆灌注应牢固、可靠,砂浆强度等级符合设计要求,在标准养护条件下任一组试块的抗压极限强度不得小于设计值。

3. 隧道膨胀和粘结式锚栓,粘结剂类别、规定应符合设计要求。

4. 埋入杆件荷载检测应符合设计要求,化学锚固锚栓所使用的化学填充剂必须在有效期内。

5. 埋入杆螺纹完好,镀锌层完好,化学锚固锚栓孔填充密实。螺纹外露部分应涂油防腐。底座填充密实,表面光洁平整、无裂缝。

6. 埋入锚栓时应避开隧道漏水点和管片接缝处。

4.3 悬挂装置安装

4.3.1 施工要点

1. 测量选型:根据测量记录的隧道类型、隧道净空高度、曲线外轨超高等数据,选择相应的悬挂类型,计算吊柱、悬吊螺栓长度,编制装配表。

2. 结构装配:装配班按装配数据表、装配图和装配要求进行选型、装配。装配前,对要装配的各零部件先进行检查,有缺陷的产品不得安装到工程中去。装配完成后,绝缘子用草袋包扎保护好,标明安装位置,按序妥善放置。

3. 现场安装:安装班组将装配好的悬挂装置运至施工现场,逐点对号安装。垂直悬吊安装底座并安装水平紧固,部件安装正确、齐全后紧固。

4. 高度初调：采用激光测量仪和水平尺相结合调整悬吊槽钢或绝缘横撑与轨面平行，高度初调至设计值，绝缘子中心均处于受电弓中心位。

4.3.2 质量要点

1. 支持装置的跨距应符合设计图纸，允许误差±500mm；道岔、关节等特殊处所，允许误差±200mm。

2. 垂直悬吊安装底座应水平安装；悬吊槽钢、绝缘横撑与安装地点的轨道平面应平行；平坡线路上悬垂吊柱及T形头螺栓应铅垂安装，倾斜度误差一般均不应大于1°，但位于坡道上的悬垂吊柱及T形头螺栓顺线路方向铅垂度偏差应以汇流排安装在悬挂金具内后能保证汇流排伸缩为原则。

3. 所有调节孔位均应居中安装，以保证充分的调整余量。调整螺栓应有不小于15mm的调节余量。

4. 安装前必须根据现场测量记录，核对施工图中支持装置悬吊螺栓长度是否准确。

5. 刚性悬挂支持装置型号应符合设计，垂直悬吊安装底座、悬吊槽钢、绝缘横撑、悬垂吊柱、T形头螺栓等合格，紧固件齐全，安装稳固可靠，并留有充分的调整余量。

6. 悬挂支持装置运输和安装时应轻拿轻放，以防损伤镀锌层和碰伤绝缘子。

4.3.3 质量验收

1. 刚性悬挂支持装置规格型号应符合设计要求，槽钢底座、悬吊槽钢、绝缘横撑、悬垂吊柱、T形头螺栓等合格，紧固件齐全安装稳固可靠。

2. 吊柱铅垂安装，悬吊底座水平安装。

3. 悬吊槽钢、绝缘横撑与安装地点的轨道平面应平行。

4. 平坡线路上悬垂吊柱、T形头螺栓应铅垂安装，倾斜度误差一般不应大于1°。

5. 位于坡道上的悬垂吊柱、T形头螺栓，顺线路方向铅垂度的偏差应以汇流排安装在悬挂金具内可伸缩为原则。

6. 绝缘子绝缘电阻抽样试验合格，浇筑部分不得有松动和辐射性裂纹；绝缘子瓷釉表面光滑，清洁，无裂纹、缺釉、斑点、气泡等缺陷，瓷釉剥落总面积不大于 30mm^2。紧固件齐全，安装稳固可靠。

7. 汇流排固定悬挂线夹的材质、规格、尺寸应符合设计要求，表面无裂纹。紧固件、内衬尼龙垫齐全、无松动，可旋转部位无卡滞现象。留有因温度变化使汇流排产生位移而需要的间隙，同时在受电弓通过时允许其抬高避免硬点。

4.4 汇流排安装

4.4.1 施工要点

1. 汇流排预配，一个刚性悬挂段悬挂定位装置安装完成后，即对此刚性悬挂段实际各跨距和总跨距进行测量复核。

2. 汇流排合理布置，绘制汇流排布置图，将汇流排沿线路布置，分析比较采用合理的汇流排布置方案。预制短汇流排应靠近悬挂定位点，汇流排对接接头尽可能靠近悬挂定位点。

3. 预制汇流排，首先在汇流排专用制作平台上，使用专用切割机具，在专用加工平台上根据实际需要汇流排长度，切割汇流排。汇流排切割机垂直于汇流排长度中心线，割切后符合汇流排截面尺寸偏差要求。切割完成并达标后，进行钻孔。切割、钻孔后的余渣应清除干净。预制完成并达到标准后，进行试对接，对接后接缝应密贴，无错位偏斜现象。

4. 安装汇流排前，在作业平台平板上均匀安放 4 个等高木垫，用于放置汇流排。

5. 安装汇流排时，将两对接汇流排调至同一直线面，保持对接面密贴，依次拧紧螺栓。安装好汇流排定位线夹，将汇流排终端卡进汇流排定位线夹，调整汇流排终端使汇流排终端端头距悬挂定位点的距离符合本锚段偏移预留量。

4.4.2 质量要点

1. 汇流排型号、材质、制造精度应符合设计和产品制造技术条件要求；连接板及汇流排两端连接孔的尺寸误差应符合产品质量要求。

2. 汇流排安装调整时必须保证悬挂点的拉出值与设计值一致，汇流排平滑弯曲。

3. 汇流排的制造长度一般为 12m/根，安装时应尽量整根安装，如有特殊情况根据实际长度截取，截取长度不小于 6m。

4. 连接件的接触面清洁，汇流排连接缝两端夹持接触线的齿槽连接处平顺光滑，紧固件齐全，螺栓紧固力矩符合产品安装技术要求。

5. 汇流排中轴线应垂直于所在位置的轨道平面。汇流排呈圆滑曲线布置，不应出现明显折角。

4.4.3 质量验收

1. 汇流排型号、材质、制造精度应符合设计和产品制造技术条件要求。

2.连接件的接触面清洁,汇流排连接缝两端夹持接触线齿槽连接处平顺、光滑,汇流排连接端缝平均宽度不大于1mm,紧固件齐全,螺栓紧固力矩符合设计要求。

3.汇流排中间接头外形尺寸应与汇流排的内表面相匹配,结合紧密,机械性能与汇流排一致。

4.汇流排中间接头的连接,应保证被连接的两汇流排在同一条直线上,接头距离悬挂点汇流排线夹边缘的距离应不小于300mm,接头部分螺栓按规定力矩用力矩扳手拧紧。

5.汇流排表面应无裂纹,无毛刺、腐蚀斑点和硝盐痕迹。

4.5 接触线架设

4.5.1 施工要点

1.接触线架设前,用锚固线夹卡住汇流排,使汇流排在放线时不能滑动。再将接触导线穿入注油器。在汇流排上安装好架线小车,按设计和产品安装技术要求做好导线端头。

2.安装好注油器,启动电动注油装置,把导电油脂注入接触线两凹槽。

3.架线小车由车辆带动前进,接触导线展放顺滑自然。

4.接触线架设至汇流排末端时,在架线小车到达汇流排弯曲端前,放线车辆停车。人工匀力拉动架线小车,把接触线导入汇流排终端,锁紧终端螺栓,用断线器断开接触线,并用锉刀将端头打磨平整光洁。从汇流排卸下架线小车。

4.5.2 质量要点

1. 接触线型号、规格、材质、制造精度应符合设计和产品制造技术条件要求。接触线应可靠地嵌入汇流排，与汇流排贴合密切，接触线与汇流排的接触面应均匀涂有薄层电力复合脂。接触线不得有损伤、扭曲，在锚段内无接头、无硬弯。

2. 悬挂点处接触线底面距轨面连线的垂直距离符合设计要求。

3. 接触线安装高度和拉出值应满足设计要求。悬挂点接触线绝对高度允许安装误差为±5mm，相邻的悬挂点相对高差一般不得超过所在跨距值的0.5‰，设计变坡段不应超过1‰。跨中弛度不得大于跨距值的1‰，且不应出现负弛度。接触线拉出值误差不应大于±10mm。

4. 接触线在锚段末端汇流排外余长为100～150mm，沿汇流排终端方向顺延。

4.5.3 质量验收

1. 接触线型号、规格、材质、制造精度应符合设计和产品制造技术条件的要求。

2. 接触线与汇流排应匹配良好，可靠地嵌入汇流排，接触面应均匀涂电力复合脂。

3. 锚段内无接头，无硬弯。如果在锚段内存在可移动式刚性悬挂（如人防门、防淹门处）接触线，则接触线间的结合应能满足设计要求。

4. 接触线安装高度和拉出值应满足设计要求。

5. 接触线在锚段末汇流排外余长为100～150mm，沿汇流排终端方向顺延并上翘，一般情况下对接地体的距离应不小于150mm，困难情况下按设计要求处理。

4.6 架空地线架设

4.6.1 施工要点

1. 地线起锚时，作业车组行至起锚点，使作业平台置于地线锚固底座处。从线盘引出地线，在地线起锚端，按设计图纸和安装要求做好地线锚端连接。

2. 架设时，放线初张力调至 1.5kN 左右，车组平缓起动，拉起地线后，以 5km/h 速度匀速行驶。张力调整从起锚点开始，地面段在有下锚的地方按照设计张力紧线调整一次。

3. 张力调整完毕，将地线分别安装在线夹内。

4. 每一区段线索架设到位固定好之后，检查所架设的线材是否有破损、扭曲、或断股，是否侵限影响行车，并做出相应的处理。

4.6.2 质量要点

1. 地线不得与其他建筑物及设备发生摩擦。

2. 地线架设时应平缓，不能出现大的折角。

3. 架线车辆的行驶速度不大于 5km/h，行驶应平稳。

4. 在曲线区段进行地线架设、调整过程中，所有人员应站在曲线外侧（站在地线的受力反方向）。

5. 架地线肩架的架空地线安装高度 H 一般为 4300mm，困难地段可适当降低。地线的安装必须满足绝缘距离及限界要求。

4.6.3 质量验收

1. 架空地线及其所用金具规格、类型符合设计要求。架空地线不得有两股以上的断股，一个耐张段内，断股补强处数和接头处数均不超过 1 个。

2. 架空地线的弛度应符合设计安装曲线，其允许偏差

+5%、-2.5%，在最大弛度时，必须保证架空地线及其金具距接触网带电体大于150mm；对运行车辆受电弓的距离不小于100mm。

4.7 中心锚结安装

4.7.1 施工要点

1. 刚性悬挂调整到位后，按施工图纸中心锚结位置，现场沿汇流排测量定出中心锚结锚固线夹位置（即该跨距中点）。测量汇流排至隧道顶的净空高度，根据中心锚结绝缘棒与汇流排夹角及中心锚结绝缘棒接地端距汇流排的绝缘距离不小于150mm的设计要求，确定中心锚结底座位置。

2. 中心锚结底座钻孔安装：套模进行钻孔安装和中心锚结底座安装。中心锚结底座应安装水平端正。直线上，中心锚结底座中心线应位于汇流排中心线正上方；曲线上，中心锚结底座中心线应在汇流排中心线的延伸线上。

3. 安装中心锚结V形拉线：在汇流排与中心锚结锚固线夹的接触面均匀涂抹导电油脂，安装紧固中心锚结锚固线夹，连接安装中心锚结V形拉线。两端调整螺钉调节余量应预留充足。

4. 中心锚结状态调整：调整中心锚结两端调整螺栓，使汇流排受力一致，并轻微拉住汇流排，检测锚固处导线高度，不能使汇流排出现负弛度。

5. 中心锚结安装后，拆除所有临时锚固线夹。

4.7.2 质量要点

1. 中心锚结绝缘棒用麻布软袋包裹好，以免在运输和安装中造成损坏。

2. 中心锚结安装类型应符合设计，安装在设计指定的位置上，并处于汇流排中心线的正上方，基座中心偏离汇流排中心不大于±30mm。

3. 中心锚结两端底座距中心锚固点的距离应相等，其安装误差一般为±50mm，以设计要求为准。

4. 中心锚结绝缘子型号应符合设计和产品技术条件，表面无损伤，带电端至接地体，接地端至带电体的距离应不小于150mm，困难情况不应小于115mm。中心锚结线夹处接触线应平顺，无负弛度。

4.7.3 质量验收

1. 中心锚结形式应符合设计要求，应安装在设计位置上，并且处于汇流排中心线的正上方，基座中心偏离汇流排中心不大于±30mm。

2. 中心锚结绝缘子型号应符合设计和产品技术条件，表面无损伤，带电段至接地体距离，一般情况下应不小于150mm，困难情况按设计要求处理。中心锚结线夹处接触线应平顺，无负弛度。

3. 中心锚结绝缘子及拉杆受力均匀，与汇流排的夹角不大于45°。

4. 中心锚结与汇流排固定牢固，螺栓紧固力矩符合设计要求，调整螺栓处于可调状态。

4.8 电连接及接地挂环安装

4.8.1 施工要点

1. 电连接线安装

（1）根据锚段关节或道岔关节处汇流排间距、汇流排最大偏移量、铜铝过渡线夹长度等数据计算电连接软铜绞线长度。

(2) 根据实际需要长度裁剪软铜绞线。

(3) 压接铜铝过渡线夹，两端线夹对正，不得相互偏扭，压模应符合规范和要求。

(4) 按电连接装配图纸要求，在关节处安装汇流排电连接线夹。汇流排电连接线夹布置位置和间距、紧固力矩应符合设计要求。

(5) 按设计弯曲方向安装电连接线，安装应正确美观。

(6) 检查电连接线的安装组数应符合设计要求，弯曲预留量应满足汇流排最大伸缩要求，对接地体和绝缘子的距离应满足规范和设计要求。

2. 汇流排接地线夹安装

(1) 汇流排接地线夹安装在架空刚性悬挂接触网机械分段、电分段、每个车站（设备站台以外）两端、线路终端、分段绝缘器两端等处，以作为刚性悬挂接触网维修时接地之用。

(2) 汇流排接地线夹安装位置应尽量靠近悬挂定位点，一般距悬挂点距离不超过 500mm，其接地挂环方向应朝向回流轨侧，以方便挂接地棒。

(3) 汇流排接地线夹与汇流排接触面应涂抹导电油脂，汇流排接地线夹应安装稳固，紧固力矩符合设计要求。

4.8.2 质量要点

1. 电连接线不应有断股、散股，否则应更换。

2. 电连接安装前应清洁汇流排及线夹的接触面，不应有灰尘、脏物。

3. 电连接安装的各种型号的螺栓都应按设计标准，满足力矩要求。

4. 电连接线所用型号、材质、数量应符合设计要求，并预留因温度变化使接触悬挂产生伸缩而需要的长度。

5. 150mm² 软电缆绝缘层剥开长度为 70mm，电缆导体不得被损伤。

6. 电连接线与接线端子压接应良好，握紧力不小于 6.9kN。电连接线夹与电连接线接触良好，接触面涂电力复合脂，线夹安装应端正牢固，螺栓紧固力矩应符合要求。

7. 电连接电缆在隧道顶部的固定应符合设计要求，牢固不易脱落，转弯处弯曲自然，布线美观。

8. 汇流排与汇流排之间的电连接线为 TJR-120mm²，每根长度约为 500mm，具体长度由现场确定，但必须满足温度变化时的要求。

9. 电连接线的安装位置应符合设计要求，允许偏差为 ±200mm，在任何情况下均应满足带电距离要求。

4.8.3 质量验收

1. 电连接线或电缆所用材质、线夹规格型号及安装形式应符合设计要求，并预留因温度变化接触悬挂产生伸缩的位移长度。

2. 刚柔过渡电连接的安装、长度应符合设计，电连接线在柔性悬挂承力索上需要线夹连接，并在线夹两端用直径为 1.5mm 的铜线进行紧密绑扎，绑扎长度为 100mm。

3. 接地线材质和截面应满足设计要求，在隧道壁上应稳固固定，接地电缆敷设应符合电缆施工及验收规范要求，两端连接可靠。

4. 汇流排接地挂环安装位置符合设计要求，安装稳固，连接可靠。

5. 接地线及其固定螺栓、卡子等对接触网带电体的距离不应小于 150mm，对受电弓的瞬时距离不应小于 100mm，且不得侵入设备限界。

6. 电连接电缆在隧道顶部的固定符合设计要求，牢固不脱落，转弯处弯曲自然，布线美观。

7. 接地跳线或电缆敷设符合设计要求，线夹端正，布线美观。

8. 接地挂环与汇流排连接处的接触面应保持清洁，均匀涂抹薄层电力复合脂。

4.9 设备安装

4.9.1 施工要点

1. 分段绝缘器

（1）分段绝缘器本体随汇流排一起安装，先将分段绝缘器本体从两端配套汇流排导轨上卸下。将导轨与相邻汇流排连接，在两悬挂定位点中心预留分段绝缘器本体位置，安装好汇流排，并在悬挂定位点处锚固紧汇流排。分别向两端安装完成本锚段汇流排。

（2）架设完成本锚段接触导线，将接触导线从预留位置中心锯断，两端各留出适量导线，并将接触导线向上方略为弯曲，以满足设计规范要求。

（3）将分段绝缘器本体安装在导轨上，在分段绝缘器安装固定分段绝缘器本体及铜滑轨。

（4）在本锚段导高、拉出值及汇流排坡度调整完毕后，在分段绝缘器上安装调整工具，松开铜滑轨固定螺栓，检查滑轨面是否紧密贴合调整工具表面。手工临时上紧滑轨螺栓。

(5) 以轨面为基准,用激光测量仪、光学测量仪检测分段绝缘器是否平正。

(6) 用扭矩扳手上紧滑轨螺栓,取下调整工具,用水平尺复检分段绝缘器过渡状态和平直度。

(7) 用受电弓往返检查分段绝缘器的状态,应过渡平稳,无打弓碰弓现象。

2. 隔离开关

(1) 根据设计图纸隔离开关位置进行现场测量,检查隔离开关安装位置限界和安装空间是否符合设计要求。

(2) 安装固定底座,调整底座端正,其隔离开关安装面水平。将隔离开关安装在固定底座上,调整隔离开关及操动机构至隧道壁的距离符合设计要求,隔离开关与操动机构处于同一垂直面上。调整操动机构行程至闭合位,隔离开关刀闸处于闭合位,安装操纵杆,其安装角度符合设计要求。

(3) 安装隔离开关至接触网汇流排引线电缆,安装美观弯曲自然。实测接线端子长度,按电缆绝缘层厚度调节剥切刀深度,剥除绝缘防护层,露出裸铜线芯,根据接线端子的压接工艺进行制作压接两端接线端子。在汇流排上安装汇流排电连接线夹,将接线端子与汇流排电连接线夹、隔离开关相连接,所有接触面均匀涂抹导电油脂。

(4) 将所有底座用接地跳线与架空地线相连接。

(5) 电动隔离开关调试和配合变电所隔离开关联调。

4.9.2 质量要点

1. 分段绝缘器本体外观应无损坏,绝缘棒应完好、整洁,绝缘性能良好,零件应配备齐全,产品合格证、产品技术文件和安装手册齐全。

2. 分段绝缘器铜滑轨上固定螺栓紧固力矩符合产品技术要求。

3. 分段绝缘器中点应设置在受电弓的中心位置上（即拉出值为0mm），偏离受电弓中心线最大不应超过50mm。

4. 分段绝缘器与受电弓接触部分应调至一个平面上，且该平面应与轨面平行。受电弓双向通过分段绝缘器均应过渡平稳，不打弓。

5. 分段绝缘器距相邻刚性悬挂定位点的距离符合设计要求，允许误差±50mm。

6. 隔离开关的安装位置符合设计要求，严格按设计和产品技术文件要求安装。

7. 隔离开关的本体外观应无损坏，零件应配套齐全，绝缘子应完好、整洁，主接头接触良好，绝缘测试值、主回路接触电阻值应符合国家现行标准、设计要求或产品技术文件要求。

8. 隔离开关底座安装时，应保证两底座安装面呈水平状态，且间距符合设计要求；多组隔离开关并列安装时，应保证所有底座安装面都在同一水平面上，且各底座间距符合设计要求。

9. 隔离开关安装时，应保证隔离开关到墙壁或其他接地体绝缘距离符合设计要求；隔离开关打开时，刀口距接地体、墙壁最小距离符合设计要求。

10. 隔离开关中心线应铅垂，操纵杆垂直于操动机构轴线一致，连接应牢固无松动现象，铰接处活动灵活。

11. 隔离开关应分、合灵活、准确可靠，角度符合产品技术文件要求。触头接触良好，无回弹现象。操动机构的分、合闸指示与开关的实际分、合位置一致。现场手动操作应与遥控电动操作动作一致；隔离开关机械联锁应工作正确可靠。

12. 隔离开关刀口部分涂导电油脂，机构的连接轴、转动部分、传动杆涂润滑油。

13. 隔离开关 150mm² 直流引线电缆连接正确规整。按汇流排随温度变化伸缩要求，预留位移长度，弯曲方向与汇流排伸缩方向相同，电缆不应压在汇流排上，电缆质量应由隧道顶电缆支架来承载。电缆应平行整齐排列，不能压叠；电缆支架应安装牢固，布置均匀合理；电缆弯曲自然，布置线路应尽量短。电缆在汇流排上安装应尽量靠近悬挂定位点。

14. 隔离开关所有底座都与架空地线相连通，可靠接地。

4.9.3 质量验收

1. 刚性悬挂分段绝缘器安装位置应符合设计要求，安装方式和绝缘子性能符合产品安装使用说明书要求，分段绝缘器两极靴间距应为 150mm，允许误差 5mm；分段绝缘器偏离线路中心不应大于 50mm。

2. 分段绝缘器紧固件应齐全，连接牢固可靠，分段绝缘器上的锚固螺母和螺杆的旋紧扭矩符合设计要求。分段绝缘器与接触线接头处应平滑，与受电弓接触部分与轨面连线平行，车辆双向行驶平滑不打弓。

3. 刚性悬挂分段绝缘器带电部分距接地体或不同供电分区带电体、不同供电分区运行车辆受电弓的距离应符合设计要求，静态应大于 150mm；动态应大于 100mm。

4. 分段绝缘器距相邻刚性悬挂定位点的距离符合设计要求，允许误差±200mm。

5. 隔离开关的型号应符合设计要求，应具有产品合格证书，所有部件、附件应齐全，无损伤变形及锈蚀，瓷件应无裂纹及破损。

6. 隔离开关本体及操动机构安装位置应符合设计要求，任何情况下不得侵入设备限界，开关本体带电部分应满足绝缘距离要求。刀闸部分应接触紧密，两侧的接触压力均匀，符合产品技术规定。带有接地刀闸的隔离开关，接地刀闸与主触头间的机械或电气的闭锁应准确可靠。电缆引线应连接牢固，并预留因温度变化的偏移量。

7. 隔离开关的1500V直流电缆连接正确牢固。与汇流排连接电缆应预留汇流排位移长度，电缆不应压在汇流排上，电缆质量应由支架或卡子承载。电缆上网点应尽量靠近汇流排悬挂点，每条上网电缆应做绝缘测试。

8. 隔离开关底座和操作机构底座与架空地线相连。

9. 隔离开关托架呈水平状态，安装高度符合设计要求。操作机构安装位置应便于操作，并符合设计要求；机构门锁、钥匙完好齐全。

10. 隔离开关触头表面应平整、清洁，并应涂电力复合脂。

11. 隔离开关传动杆与操作机构轴线一致，并连接牢固，无松动现象，机械传动灵活、稳定，无卡滞现象。

4.10 刚柔过渡安装

4.10.1 施工要点

1. 检测隧道净空、限界、隧道口断面里程、隧道结构等是否与设计图纸相符，是否存在绝缘距离问题，是否限制了刚性过渡的安装。

2. 先进行刚柔过渡段悬挂点的纵向放线测量，复核无误后，用红油漆标记在钢轨侧面上。各悬挂位置采用激光测量准确定位，标记至隧道顶上。

3. 测量悬挂点处净空数据，测算柔性下锚位置，用激光测量仪准确定位，标记至隧道顶上，各点复核无误，进行钻孔和支架安装，安装完成后按照设计要求将刚柔过渡支持装置及下锚安装位置调整到位。

4.10.2 质量要点

1. 刚柔过渡所处柔性悬挂段接触悬挂调整完成。相邻刚性悬挂段接触悬挂细调完成。

2. 在汇流排作业平台上对接装配好汇流排终端和切槽式刚柔过渡汇流排本体，按设计外露长度（汇流排终端头距悬挂定位点的距离为1.8m）安装汇流排终端和切槽式汇流排，然后在接触线凹槽内均匀涂抹导电油脂，用放线小车将接触线导入汇流排，用扭矩扳手紧固切槽汇流排上的7组紧固螺栓和汇流排终端上的紧固螺栓。

3. 刚柔过渡段在调整时，导高及拉出值调整至设计值，汇流排坡度调至与轨面平行，用激光和光学测量仪、受电弓检查刚柔过渡点和关节，进行刚柔过渡段微调，受电弓双向通过应平稳顺滑，刚柔过渡点和关节不应出现硬点，切槽式汇流排应富有弹性。

4. 接触线与汇流排的连接应平顺，不应对汇流排产生附加压力或拉力。

5. 刚柔过渡段柔性下锚跨越的刚性悬挂点宜采用悬臂式结构，以避免可能与柔性悬挂间的绝缘距离问题。

4.10.3 质量验收

1. 刚柔过渡元件应按批次进行进场验收，其规格、型号、质量应符合设计要求。

2.贯通式刚柔过渡处,柔性及刚性接触网定位点拉出值及导高应符合设计要求,保证受电弓双向平滑过渡。

4.11 标志牌安装

4.11.1 施工要点

1.按标准字体和字号制作数字及锚段字母的字模,底板大小符合设计及规范要求。

2."有电危险"牌采用铝合金板、硬塑料板制作或选用符合设计要求的材料进行制作。"接触网终点"牌采用2mm厚钢板或铝合金板或选用设计要求的材料进行制作。隧道悬挂定位点号码一般印制在列车前进方向右侧隧道壁上,正对悬挂支持装置,距轨面距离一般为3~3.5m。

3."有电危险"牌设置于接触网隔离开关等电气设备处,安装高度按照设计要求进行安装。

4."接触网终点"牌设置在接触网终点悬挂定位点处,安装于接触网汇流排正上方,安装稳固端正,距接触网带电体距离大于150mm。

4.11.2 质量要点

1.标志牌应清晰明显,规格及安装装置应符合规范,安装牢固,与带电体安全距离符合要求。

2.号码的印制应符合规范和设计要求,底漆应均匀、字迹清晰、字体美观、字距适中,整体端正,正对定位点。印制位置应便于观察瞭望,便于维护,不易脱落。

3."接触网终点"牌设置在接触网终点悬挂定位点处,安装于接触网汇流排正上方,安装稳固端正,距接触网带电体距离大于 150mm。

4. 隧道悬挂定位点号码一般印制在列车前进方向右侧隧道壁上，正对悬挂支持装置，印制高度符合设计或运营单位要求。

4.11.3 质量验收

1."高压危险"标志牌安装位置、高度、材质、样式符合设计要求。

2."安全作业区""接触网终点标"表面采用反光材料，设置位置符合设计要求，安装牢固可靠，在任何情况下，便于瞭望，并不得侵限。

3. 号码牌宜采用反光材料制作，并与隧道壁固定牢固，以减少对隧道风动效果的不利影响；其安装位置应便于司机及检测车仪器观察与记录。

4.12 冷滑试验及送电开通

4.12.1 施工要点

1. 冷滑试验应采用接触网专用作业车冷滑，分三次进行：第一次低速 5~10km/h、第二次中速 30~40km/h、第三次高速 50~80km/h。

2. 确认接触网上网隔离开关处于分闸位置，操作机构加锁防止误操作。

3."接触网冷滑试验，无关人员请撤离行车区域"的告示已在试验区段沿线各车站、出入通道口的显眼位置张贴。

4. 确认试验区段内各种障碍均已清除，施工人员撤离行车区域，满足冷滑试验车安全运行的要求。

5. 送电开通前需进行接触网绝缘测试，绝缘电阻值宜大于1.5MΩ/km；接触网送电后，各供电臂始、终端应进行带电检测。

6.绝缘子已经全部清扫干净，接触网绝缘良好。

4.12.2　质量要点

1.接触网冷滑试验是确保接触悬挂拉出值、接触线高度、结构高度（柔性悬挂）、接触线抬升（柔性悬挂）、绝缘距离、关节和线岔过渡等关键数据满足设计要求。

2.送电开通前，工程已经按照施工设计文件全面建成完工，限界检测及冷滑试验均合格。

3.所有上网隔离开关均已经通过调试，且与接触网开通有关的其他专业工程施工已经完成。

4.12.3　质量验收

1.限界检测应在接触网冷滑前进行，检测方案应采用限界检测车复核检测，检测车限界检测指标应符合设计要求。

2.受电弓在交叉渡线处不应碰撞主线或渡线，应平稳过渡，无脱线、刮弓现象。受电弓应平稳通过锚段关节、分段绝缘器、刚柔过渡段等部件安装处，无碰弓、刮弓现象，无明显硬点。

3.接触导线无弯曲、扭转、碰弓、脱弓现象。

4.导线高度变化平稳，无突变或跳动，符合规定的高度。

5.受电弓与接地体间的距离应符合规定的要求。

5 接触轨

5.1 一般规定

5.1.1 接触轨支持间距应满足设计要求，并应符合下列规定：

1. 纵向测量应从设计规定的起测点开始，跨距不宜大于5m（一般不超过8个轨枕间距）。

2. 横向测量，应以轨道中心线为基准。

5.1.2 接触轨施工时应采用专用工具起吊或装卸，严禁硬物击打，确保接触轨平直，无变形。

5.1.3 预配件、零部件中所有螺栓应采用力矩扳手紧固，用于配合紧固的扳手应为专用扳手，严禁使用活口扳手。

5.1.4 绝缘支架与接触轨安装应无卡滞，保证接触轨伸缩顺畅。

5.1.5 接触轨所有金属零部件均应做防腐处理。

5.1.6 隧道内所有非金属材料应低烟、无卤、阻燃，户外应采取防老化措施。

5.2 底座及绝缘支架安装

5.2.1 施工要点

1. 清洗安装面，根据测量记录的曲线外轨超高数据，选择相应类型的底座。

2. 按安装数据表、设计安装图和安装要求进行底座安装，安装完成后进行底座面与钢轨的水平调整。

3. 按设计要求及相关标准逐点对号进行绝缘支架安装。要求整体绝缘支架安装牢固，部件安装正确、齐全、紧固。

4. 安装完成后对绝缘支架安装高度、平行度、侧面限界进行初调，使之符合设计值。

5.2.2 质量要点

1. 接触轨绝缘支架安装位置、间距应符合设计要求。

2. 绝缘支架安装位置应根据施工设计图纸进行布置，绝缘支架选型正确，安装应齐全、平整、端正，垂直度应符合设计规定，整体绝缘支架的安装间距应符合设计要求。

3. 绝缘支架装置在垂直线路的水平方向和铅垂方向的调节孔宜居中安装，调节范围应符合设计要求。

5.2.3 质量验收

1. 支架底座和固定螺栓、绝缘支架及连接零部件应按批次进行进场，其规格、型号、材质、质量应符合设计要求。

2. 支架底座安装应平正，位置应符合设计要求，底座与道床或轨枕的连接应牢固，允许紧固力矩应符合设计要求。调节孔宜居中安装，调节范围应符合设计要求。

3. 绝缘支架或绝缘子的电气性能、机械性能应符合设计要求。

4. 绝缘支架外观检查应完好，无损伤，安装端正。

5.3 接触轨安装

5.3.1 施工要点

1. 绘制接触轨次序安装布置图，将接触轨沿线路布置，分析比较采用合理的接触轨布置方案。

2. 接触轨切割时要在专用制作平台上进行，使用专用切割机具，在专用加工平台上根据实际需要长度切割。接触轨切割机垂直于接触轨长度中心线，切割后符合接触轨截面尺寸偏差要求。切割完成并达标后，进行钻孔。切割、钻孔后的余渣应清除干净。预制完成并达到标准后，进行试对接，对接后接缝应密贴，无错位偏斜现象。

3. 将接触轨放于接触轨托架上，同时使用接触轨安装调整器将接触轨擎起，调节接触轨安装调整器使接触轨处于同一对接高度平面。使用接触轨安装调整器将两对接接触轨调至同一直线面，保持对接截面密贴，尤其是接触轨钢带接缝处过渡平直顺滑，不偏斜错位，进行接触轨对接。

4. 将接触轨装入绝缘支架的托架上，安装上接触轨扣件，按设计力矩要求紧固接触轨扣件螺栓，撤去接触轨安装调整器，检查接触面是否达到要求。接触轨接头装于前端接触轨上，戴上紧固螺栓，待装接触轨插入接触轨接头，戴上紧固螺栓，进行接触轨中间接头装配。

5. 将膨胀接头一端推入已安装好的接触轨普通接头内，装上连接螺栓，微调膨胀接头与相邻接触轨平齐，对接面密贴、平顺后，紧固接触轨接头连接螺栓。根据接触轨表面温度及温度补偿表查出所需补偿值并记录；按补偿值调整膨胀接头。

5.3.2 质量要点

1. 接触轨相关材料规格及外观应符合设计要求。

2. 接触轨的受流面距走行轨轨顶连线平面的垂直距离和接触轨距轨道中心的水平距离应符合设计规定。直线段应平直，曲线段应圆顺、无硬弯。接触轨分段的位置必须符合设计要求。整体绝缘支架的卡爪距接触轨接头的距离应符合设计要求，并保证在任何情况下不产生卡滞现象。

3. 接触轨每跨距支撑点的工作高度差不宜大于 3mm，困难条件下不大于 5mm。

4. 膨胀接头间隙应按设计要求预留，伸缩预留值允许偏差为±5mm。膨胀接头间隙调整应与环境温度相适应。

5.3.3 质量验收

1. 接触轨及其附件选配应符合设计规定。装卸、运输及敷设时，不得受损伤或变形。

2. 接触轨的敷设应符合设计规定。

3. 接触轨的连接螺栓紧固力矩符合安装使用说明书要求。

4. 膨胀接头的安装位置应符合设计要求，膨胀接头每一端距绝缘支架的距离应满足设计要求。

5. 普通接头与接触轨相连接的接触面应清洁，并应涂抹导电油脂；普通接头与接触轨轨腹连接应密贴，紧固件安装应齐全，并应按设计力矩值紧固。

5.4 中心锚结安装

5.4.1 施工要点

1. 位置定测：接触轨调整到位后，按施工图纸锚段中点位置，现场沿接触轨测量定出锚段中点位置，距离中点位置最近的接触轨绝缘支座两侧即中心锚结防爬器的安装位置。

2. 在接触轨与中心锚结的接触面均匀涂抹导电油脂，安装紧固防爬器。

3. 中心锚结安装后，拆除所有临时锚固夹具。

5.4.2　质量要点

1. 中心锚结安装在锚段的中部绝缘支架处，防止该锚段接触轨的自由爬行。

2. 中心锚结处绝缘支架和接触轨受力后无明显变形。

5.4.3　质量验收

1. 中心锚结的安装位置和固定形式应符合设计要求。

2. 中心锚结的卡块与绝缘支架的间隙应符合设计要求。两接触面应清洁，并涂导电脂。

5.5　电连接安装

5.5.1　施工要点

1. 电连接制作时，根据道岔处接触轨间距、断轨长度、铜铝过渡线夹长度等数据计算电连接电缆长度，同时根据实际长度电缆裁剪电缆。在压接铜铝过渡线夹时，两端线夹相对正，不得相互偏扭，压模应符合规范和要求。

2. 电连接安装时，按电连接装配图纸要求，在断轨处安装接触轨电缆连接板。接触轨电缆连接板布置位置和间距，紧固力矩应符合设计要求。

3. 按设计弯曲方向安装电连接线，安装应正确美观。

4. 检查电连接线的安装组数应符合设计要求，弯曲预留量应满足接触轨最大伸缩要求，对接地体和绝缘子的距离应满足规范和设计要求。

5. 电连接安装完成后应保证电连接电缆限界满足设计要求。

5.5.2　质量要点

1. 电连接安装位置应符合设计要求，电连接电缆的型号、材质、数量应符合设计要求。

2. 电连接与接触轨连接安装应符合设计要求（电缆连接板的持续载流量≥3000A）。

5.5.3 质量验收

1. 电缆连接板、线材等零部件应按批次进行进场验收，其规格、型号、质量应符合设计要求。

2. 电连接线和接线端子的安装位置应符合设计要求。

3. 电缆连接板与接触轨连接牢固可靠，全部连接螺栓的紧固力矩值应按设计要求。所有安装接触面均应清洁、涂抹导电油脂。

4. 电缆的敷设路径、连接接触轨的位置及连接方式应符合设计要求。电缆应布线美观，安装稳固，外观无损伤。

5. 电缆在电缆接线板上安装时应预留因温度变化而产生的位移长度，固定时应按设计要求采取铜铝过渡措施。

6. 电缆在转弯或固定处应局部增加绝缘护套以保护。电连接电缆过轨时应穿管防护并在道床上固定牢固。

7. 电缆排列整齐、固定牢靠，标志牌字迹清晰、挂装牢靠。

5.6 防护罩安装

5.6.1 施工要点

1. 防护罩加工：按接触轨实际跨距测量并计算所需接触轨防护罩长度，按该长度、用专用防护罩切割工具截取防护罩，各切口要磨平且保证防护罩在加工过程中无损坏。

2. 支架防护罩安装：按设计要求的防护罩将支架防护罩均匀地布置于绝缘支架上，并将其安装到位。

3. 防护罩安装：先安装接触轨防护罩，然后安装支架防护罩、膨胀接头防护罩、端部弯头防护罩、电连接接头防护罩。

4. 检查：检查已安装的防护罩，防护罩接头是否完好，各种类型的防护罩是否安装匹配，防护罩有无损坏等。

5.6.2 质量要点

1. 防护罩外观表面光滑、平整，无毛刺、裂痕，内部光滑无气孔缺陷、尺寸满足设计要求（产品保证厚度，糊制完毕后不得出现翘曲变形等缺陷）。

2. 搭接长度及安装质量（材料为玻璃钢，其电气、机械性能等按相关标准执行，采用拉挤工艺成形，产品要求阻燃）应符合设计要求。

5.6.3 质量验收

1. 防护罩应按批次进行进场验收，其规格、型号、质量应符合设计要求。

2. 防护罩安装的选配应符合设计要求，防护罩支撑卡的安装间距应符合设计要求。

3. 防护罩安装后，各部分尺寸应满足限界要求。

4. 防护罩的顶面应有"高压危险"标志。标志应醒目、易识别。设置位置应符合设计要求，并在每处端部弯头末端标志。

5. 防护罩应将接触轨端部弯头罩住，端部弯头末端防护罩外露长度应符合设计要求。

5.7 接触轨系统接地

5.7.1 施工要点

1. 接地扁铝布放：将运到施工现场的接地扁铝散布到

安装位置处。

2. 接地扁铝安装：在接触轨断口处，扁铝向外延长150～200mm，把接地扁铝放到与底座连接的部位，用记号笔画出空位距离，然后用电钻进行钻孔。

3. 将已钻好孔的扁铝与底座进行螺栓连接，连接部位要紧固可靠，安装完成后不应有松动现象。

4. 接地跳线安装：在接触轨所有断口处，接地扁铝断口均要用软电缆进行电气连接，使接地网形成通路。接地跳线跟所需长度在现场进行制作并安装，安装完成后进行固定。

5. 应按照设计要求在结构缝及土建伸缩缝对接地线进行预弯，防止热胀冷缩时将接地线拉断。

5.7.2 质量要点

1. 接地线应安装在支架底座上。

2. 接地线贯通安装，安装后不应落在道床面上。

3. 安装中不允许锤击或顶压等冲击性外力使零部件就位。

4. 接地跳线电缆敷设美观、弯曲自然、固定牢固、可靠。

5. 接地电缆与接地线接触良好，连接牢固、可靠。

5.7.3 质量验收

1. 接地线、各类接地连接导体应按批次进行进场验收，其规格、型号、质量应符合设计要求和相关技术标准的规定。

2. 接地线及相连金具距接触轨带电体的距离应符合设计要求。

3. 全线所有不带电金属底座均应与接地线可靠连接，

连接符合设计要求。

4. 接地线与牵引变电所接地装置可靠连接，连接符合设计规定。

5.8 隔离开关

5.8.1 施工要点

1. 按测量位置进行打孔。复测孔距是否满足施工图纸要求，清洗已打好的孔洞，灌注锚栓。

2. 按施工图纸及隔离开关安装技术文件要求安装开关底座，注意确保底座安装高度不影响绝缘距离 150mm 要求。

3. 调整隔离开关机操作机构底座水平度，确保其上表面在同一水平面上；多组并列安装时，保证所有底座安装面都在同一水平面上。

4. 将开关通过滑轮提至底座位置，安装开关，并安装操作机构，保证隔离开关到墙壁或其他接地体绝缘距离符合设计要求。

5. 打开隔离开关，刀口距接地体、墙壁的绝缘距离符合设计要求；绝缘距离一般要求应不小于 150mm。

6. 按施工图纸及设计要求现场确定上网电缆路径，测量所需长度。沿确定电缆路径按施工图纸及设计要求布置安装电缆固定支架。沿电缆路径布置电缆引线并固定，安装美观、规整、弯曲自然，并预留接触网位移长度。

7. 电动隔离开关的电源和控制回路正确、规整、美观，远程及就地控制时，刀闸分合位置正确、到位，与操作机构分合位一致，操作灵活。

5.8.2 质量要点

1. 隔离开关的安装位置应符合设计要求，不得侵入设备限界，任何情况下隔离开关触头带电部分至接地体的距离应不小于150mm。

2. 隔离开关应分、合灵活，准确可靠，角度符合设计和产品技术要求；触头接触良好，无回弹现象。

3. 隔离开关的馈线电缆连接正确、规整，电缆上网点应尽量靠近悬挂点，与接触轨连接的电缆应预留接触轨位移长度，电缆应固定牢靠。

5.8.3 质量验收

1. 隔离开关的型号应符合设计要求，应具有产品合格证书。

2. 隔离开关底座应安装呈水平状态，3台并联安装的隔离开关底座应处于同一水平面；隔离开关本体及操作机构应安装稳固，操作连杆应动作灵活，角度应符合产品技术要求，操作机构安装位置应便于操作。

3. 电动隔离开关的电源和控制回路接线正确，在允许电压波动范围内能正确、可靠动作；有连锁要求的开关，连锁关系准确可靠；现场手动操作应和遥控电动操作动作一致；机构的分、合闸指示与开关的实际分、合位置一致。带接地刀闸的手动隔离开关，接地刀闸的分、合与开关主触头间的机械闭锁关系应准确可靠。

5.9 均、回流电缆敷设及箱体安装

5.9.1 施工要点

1. 均、回流箱体安装，采用螺栓固定均、回流箱体，

螺栓紧固，零部件齐全。

2. 均、回流箱箱体接地部分通过接地扁钢可靠接至附近环网电缆支架的接地扁钢上。

3. 连接线安装，量取均、回流箱至钢轨的电缆连接线。电缆应穿管防护，布置、整理电缆，用电缆固定卡将电缆固定。电缆一头制作终端头，并连接至均、回流箱，螺栓紧固，零部件齐全。电缆另一头与钢轨连接，连接方式符合施工设计图纸要求，钢轨与电缆的连接工艺参照《电缆与钢轨连接安装》。

5.9.2 质量要点

1. 均、回流线与钢轨连接牢固可靠，电气导通良好，连接前钢轨连接面应打磨、除锈。

2. 箱体安装水平、牢固。均、回流线缆接入箱内连接正确可靠。

3. 箱体接地部分应可靠连接至附近环网支架的接地扁钢上。

4. 金属电缆支架和电缆保护管的接地应可靠，电缆保护管的管口应用防火泥封堵严密。

5.9.3 质量验收

1. 线材、设备应按批次进行进场验收，其规格、型号、质量应符合设计要求。

2. 均、回流箱安装位置符合设计要求，安装应牢靠。安装后满足界限要求。

3. 均、回流电缆的安装位置及固定、接线数量、载流截面、与钢轨的连接方式应符合设计要求。

5.10 冷滑试验及送电开通

5.10.1 施工要点

1. 冷滑试验应采用接触轨专用作业车冷滑，分3次进行：第一次低速5～10km/h、第二次中速30～40km/h、第三次高速50～80km/h。

2. 确认接触轨上网隔离开关处于分闸位置，操作机构加锁防止误操作。

3. "接触轨冷滑试验，无关人员请撤离行车区域"的告示已在试验区段沿线各车站、出入通道口的显眼位置张贴。

4. 确认试验区段内各种障碍均已清除，施工人员撤离行车区域，满足冷滑试验车安全运行的要求。

5. 送电开通前需进行接触轨绝缘测试，绝缘电阻值宜大于1.5MΩ/km；接触轨送电后，各供电臂始、终端应进行带电检测。

5.10.2 质量要点

1. 接触轨冷滑试验是确保接触轨拉出值、接触轨高度、短轨距离和道岔过渡等关键数据满足设计要求。

2. 送电开通前，工程已经按照施工设计文件全面建成完工，限界检测及冷滑试验均合格。

3. 所有上网隔离开关均已经通过调试，且与接触轨开通有关的其他专业工程施工已经完成。

5.10.3 质量验收

1. 限界检测应在接触轨冷滑前进行，检测方案应采用限界检测车复核检测，检测车限界检测指标应符合设计要求。

2. 受电靴在短轨处和道岔处，应平稳过渡，无脱靴、刮靴现象。受电靴应平稳通过接触轨中间接头、端部弯头、膨胀接头等部件安装处，无碰靴、刮靴现象。

3. 接触轨无弯曲、扭转、碰弓、脱弓现象。

4. 轨高度变化平稳，无突变或跳动，符合规定的高度。

5. 受电靴与接地体间的距离应符合规定的要求。

6 电力监控系统

6.1 一般规定

6.1.1 电力监控系统设备送电前,需对二次回路配线、数据传输电缆进行检查,确认合格后方可送电。

6.1.2 电力监控系统设备的系统容量、监控对象和功能配置等性能应满足设计要求。

6.1.3 根据设计要求,分别对每个单元的电气设备进行单体、传动试验及相互的闭锁功能检查。

6.2 控制信号屏安装

6.2.1 施工要点

1. 控制信号屏内设备内部二次回路接线固定牢靠,排列整齐;电缆芯线和所配导线的端部均应标明其回路编号,编号应正确,字迹清晰且不易脱色。

2. 柜体表面防护层涂层完整,本体接地可靠。

3. 柜体内安装的元、器件完好无损、固定牢靠,瓷件和绝缘表面严禁有裂纹、缺损等缺陷。

4. 柜体与基础预埋件间的连接固定牢固,所有紧固件应满足防腐要求,盘、柜内清洁,无杂物。

6.2.2 质量要点

1. 控制应用软件的操作命令界面应风格统一，层次简洁，操作命令的命名不得具有二义性。

2. 控制系统软件所含功能满足设计要求，运行稳定、可靠。其应用软件应具有可扩展性，系统应预留可升级空间以供纳入新功能，宜采用能适应最新版本的信息平台，并能适应信息系统管理功能的变动。

3. 控制屏安装的垂直度、水平偏差、柜面偏差和柜间接缝的允许偏差应符合表 1-3 的规定。

4. 各控制设备性能发挥稳定、可靠，满足设备功能要求。

6.2.3 质量验收

控制设备、后台机的型号、规格及安装位置应符合设计要求，表面防护层涂层完整，柜内元器件完好无损、固定牢靠。

6.3 线缆敷设及连线

6.3.1 施工要点

1. 电缆与设备连接正确，固定牢靠，绝缘良好，接地可靠。

2. 二次接线应牢排列整齐，电缆标牌和回路编号应字迹清晰、标志正确。

3. 设备电缆管口位置设置应便于电缆与设备的连接并不妨碍设备安装，并列敷设的电缆管口高度应一致。

6.3.2 质量要点

1. 电缆接续应符合下列要求：

（1）电缆在终接前，必须核对缆线标志内容是否正确。

（2）电缆中间不应有接头。

（3）电缆终接处必须牢固、接触良好。

（4）双绞电缆与连接器件连接应认准线号、线位色标，不得颠倒和错接。

2. 光缆端头的制作应符合下列要求：

（1）芯线按光纤色谱排列顺序对应接续；光纤接续部位应采用热缩加强管保护，加强管收缩应均匀、无气泡。

（2）光缆的金属外护套和加强芯应紧固在接头盒内。同一侧的金属外护套与金属加强芯在电气上应连通；两侧的金属外护套、金属加强芯应绝缘。

（3）光缆接头盒盒体安装应牢固、密封良好。

（4）光纤收容时的余长单端引入引出长度不应小于0.8m，两端引入引出长度不应小于1.2m。

（5）光纤收容时的弯曲半径不应小于40mm。

（6）光缆接头处的弯曲半径不应小于护套外径的20倍。

（7）光缆接续后宜余留2～3m长度。

6.3.3 质量验收

1. 电缆、光缆的规格、型号及敷设线路、终端位置应符合设计要求。

2. 数据传输线缆与设备连接符合设计要求，屏蔽层应接地可靠。

3. 电缆敷设应排列整齐，绑扎牢固，标志清晰。

6.4 系统测试

6.4.1 施工要点

1. 根据计算机操作菜单，进行相应电气设备的顺序操作及程序操作功能检查,被控站电力监控装置各监控单元安装正确,接口单元性能良好,整机工作正常。

2. 调试时,被控站应对本站所监控的对象,分别进行遥控、遥信、遥测检查,项目齐全,功能良好。

3. 电力监控系统设备应做144h连续运行试验,并应符合现行国家标准《地区电网调度自动化系统》(GB/T 13730—2002)的规定。

6.4.2 质量要点

1. 被控站控制信号屏通信单元与通信设备的连接可靠,传输正常。

2. 远动操作系统,被控站应对操作对象的位置信号、故障信号、预告信号等传输正常,遥控动作可靠,遥信显示正确,遥测和故障点标定准确,事故记录和事故打印功能完整。

6.4.3 质量验收

1. 系统在线自检功能应符合下列规定:

(1) 对存储器的自检应自动完成;

(2) 对系统各硬件模块的自检,功能良好,满足设计要求;

(3) 对通道状态监视功能良好。

2. 被控站电力监控系统(包括控制信号屏、智能装置、采集装置等)的各种选配功能经验收符合产品技术要求,应用软件编制满足可靠性、可扩展性要求,易于操作。

3. 电力监控系统应进行下列项目的检查和试验:

(1) 电力监控软件及操作软件应符合设计文件要求及订货合同的规定;

(2) 后台机与间隔层各测量、控制、保护装置的网络通信功能及后台机监控系统数据库应相互匹配；

（3）各种数字、模拟信号及其计算值应显示正确；

（4）遥控操作、防误闭锁、权限设置、信号复归等功能应符合设计文件要求；

（5）各种实时监控信息的分类、合并应显示正确；

（6）监控系统其他各子系统应符合设计文件要求；

（7）各种报警信号应显示正确；

（8）应监控后台的系统备份和数据备份功能。

7 负回流及杂散电流腐蚀防护系统

7.1 一般规定

7.1.1 施工前应复核防护测点的位置是否符合设计要求。
7.1.2 所有端子连接前应清除表面的附着物及铁锈。
7.1.3 电缆终端头制作时,应严格遵守制作工艺规程。
7.1.4 所有线路旁设备的安装均应满足设备限界的要求。

7.2 设备安装

7.2.1 施工要点

1. 应在开工前组织技术人员认真学习实施性施工组织设计,阅读、审核施工图纸,澄清有关技术问题,熟悉规范和技术标准。制定施工安全保证措施,提出应急预案。对施工人员进行技术交底,对参加施工人员进行上岗前技术培训,考核合格后持证上岗。

2. 排流柜在变电所应采用绝缘安装方式。

3. 设备安装固定前应先清除掉基础槽钢上的杂物,保持清洁。

7.2.2 质量要点

1. 设备基础的外形尺寸应满足设计要求,平整度误差不超过+20mm。

2. 带电体的金属框架必须可靠接地。可开启的门与框架的接地端子间应用裸编织铜线连接。

3. 屏、柜间的安装允许误差应符合设计规范要求。

4. 屏、柜间的漆层完整无损伤，修补后的颜色尽量和原色一致。

7.2.3 质量验收

1. 设备基础的外形尺寸应符合设计要求，基础表面平整，无跑浆、漏筋等缺陷。

2. 设备的规格、型号及安装位置符合设计要求，设备内的元器件完好无损，固定牢固，接线正确，连接可靠。

3. 设备接线完毕后应对电缆的进出孔洞进行封堵。

4. 设备与基础间的连接牢靠，垂直度符合设计要求。

5. 柜上的标志牌、标志框齐全、清晰、正确。

7.3 参比电极、传感器

7.3.1 施工要点

1. 参比电极埋设前应放置在阴凉干燥处，避免阳光下暴晒和雨淋。

2. 搬运参比电极及传感器时要小心轻放，严禁将其摔坏或震裂。

3. 不得直接拉拽参比电极的引线，防止损坏。

4. 参比电极使用前应先将其置于清水中浸泡 8h 以上。

7.3.2 质量要点

1. 参比电极安装位置应与设计要求相符。

2. 埋设参比电极时，应将其与道床或墙面填充密实并抹平。

3. 测试电缆的型号、规格应符合设计要求。

4. 传感器的安装应端正美观,接线规整、线缆无绞拧。

7.3.3 质量验收

1. 参比电极及传感器的规格、型号应符合设计要求,外观完好、无锈蚀及机械损伤。

2. 传感器的安装位置及高度应符合设计要求且固定牢靠。

3. 在电缆易损部位应设置防护且固定牢靠。

4. 传感器等装置支架应安装水平、固定牢靠,支架防腐措施良好。

7.4 监测装置

7.4.1 施工要点

1. 应在开工前组织技术人员认真学习实施性施工组织设计,阅读、审核施工图纸,澄清有关技术问题,熟悉规范和技术标准。制定施工安全保证措施,提出应急预案。对施工人员进行技术交底,对参加施工人员进行上岗前技术培训,考核合格后持证上岗。

2. 监测装置安装施工前应先做开箱检查,其规格、型号应符合设计要求,外观完好、无锈蚀及机械损伤,搬运时应有一定的保护措施,轻拿轻放。

7.4.2 质量要点

设备上安装的元、器件应完好无损、固定牢靠,二次回路接线正确,连接可靠。

7.4.3 质量验收

1. 设备的规格、型号应符合设计规定,表面油漆涂层完整，无锈蚀及损伤等缺陷。

2. 二次回路配线应满足以下要求：

(1) 端子号清晰、牢固；

(2) 每个接线端子同一侧所接芯线不得超过两根。

7.5 电缆敷设及接续

7.5.1 施工要点

1. 应在开工前组织技术人员认真学习实施性施工组织设计，阅读、审核施工图纸，澄清有关技术问题，熟悉规范和技术标准。制定施工安全保证措施，提出应急预案。对施工人员进行技术交底，对参加施工人员进行上岗前技术培训，考核合格后持证上岗。

2. 电缆引入箱体，根据电缆敷设顺序表逐根穿入，并确保电缆就位弧度一致，层次分明，电缆穿入箱体后不能遗弃或损坏电缆护套。

3. 对电缆两端头应用绝缘胶带密封，以防电缆受潮。

7.5.2 质量要点

1. 电缆在跨越道床时应套金属管保护，并在钢轨底部处加绝缘层处理。

2. 电缆敷设应排列整齐，绑扎牢靠，标志牌齐全、字迹清晰、挂装牢固。

7.5.3 质量验收

1. 各类电缆的规格、型号及敷设路径、终端位置应符合设计要求。

2. 电缆与设备的连接正确、固定牢靠、绝缘良好、接地可靠。

3.电缆表面外表无绞拧、铠装压扁、护层断裂和表面严重划伤等缺陷。

7.6 钢轨连接

7.6.1 施工要点

1.电缆在焊接前预先套上塑料套管,以备在固定电缆时起到保护电缆的作用。

2.焊接时要注意焊枪的焊接角度与接线端子垂直并保证稳定,掌握好焊接时间,焊接点要牢固。

7.6.2 质量要点

1.焊接前应对钢轨的焊接位置进行除锈、打磨,保证焊接面的清洁。

2.焊接牢固可靠,焊接饱满,不得有裂缝、气孔及假焊或漏焊现象。

7.6.3 质量验收

1.电缆长度裁选合理,电缆端头剥除长度满足产品要求,电缆端头压接接线端子密实。

2.电缆在道床上固定牢靠、规整。

7.7 测试试验

7.7.1 施工要点

杂散电流防护测试试验应按照行业标准《地铁杂散电流腐蚀防护技术规程》(CJJ 49—1992)中规定的有关项目进行。

7.7.2 质量要点

1.测量使用的仪表应满足行业标准《地铁杂散电流腐

蚀防护技术规程》(CJJ 49—1992) 中的有关规定。

  2. 系统各项功能满足设计要求。

7.7.3 质量验收

  1. 数据处理、传输、容错能力满足设计要求。

  2. 数据采集、测量精度满足设计要求。

  3. 系统稳定性满足设计要求，系统界面友好。

8 电能质量管理系统

8.1 一般规定

8.1.1 电能质量管理系统设备送电前,需对二次回路配线、数据传输电缆进行检查,确认合格后方可送电。

8.1.2 电能质量管理系统设备的系统容量、监控对象和功能配置等性能应满足设计要求。

8.1.3 根据设计要求,分别对每个单元的电气设备进行单体、传动试验及相互的闭锁功能检查。

8.2 电能质量监控屏安装

8.2.1 施工要点

1. 电能屏内设备内部二次回路接线固定牢靠,排列整齐;电缆芯线和所配导线的端部均应标明其回路编号,编号应正确,字迹清晰且不易脱色。

2. 柜体表面防护层涂层完整,本体接地可靠。

3. 柜体内安装的元器件完好无损、固定牢靠,瓷件和绝缘表面严禁有裂纹、缺损等缺陷。

4. 柜体与基础预埋件间的连接固定牢固,所有紧固件应满足防腐要求,盘、柜内清洁,无杂物。

8.2.2 质量要点

1. 控制应用软件的操作命令界面应风格统一，层次简洁，操作命令的命名不得具有二义性。

2. 控制系统软件所含功能满足设计要求，运行稳定、可靠。其应用软件应具有可扩展性，系统应预留可升级空间以供纳入新功能，宜采用能适应最新版本的信息平台，并能适应信息系统管理功能的变动。

3. 电能屏安装的垂直度、水平偏差、柜面偏差和柜间接缝的允许偏差应符合表1-3规定。

4. 各控制设备性能发挥稳定、可靠，满足设备功能要求。

8.2.3 质量验收

控制设备、后台机的型号、规格及安装位置应符合设计要求，表面防护层涂层完整，柜内元器件完好无损、固定牢靠。

8.3 线缆敷设及连线

8.3.1 施工要点

1. 电缆与设备连接正确，固定牢靠，绝缘良好，接地可靠。

2. 二次接线应牢排列整齐，电缆标牌和回路编号应字迹清晰、标志正确。

3. 设备电缆管口位置设置应便于电缆与设备的连接并不妨碍设备安装，并列敷设的电缆管口高度应一致。

8.3.2 质量要点

1. 电缆接续应符合下列要求：

（1）电缆在终接前，必须核对缆线标志内容是否正确。

（2）电缆中间不应有接头。

（3）电缆终接处必须牢固、接触良好。

（4）双绞电缆与连接器件连接应认准线号、线位色标，不得颠倒和错接。

2．光缆端头的制作应符合下列要求：

（1）芯线按光纤色谱排列顺序对应接续；光纤接续部位应采用热缩加强管保护，加强管收缩应均匀、无气泡。

（2）光缆的金属外护套和加强芯应紧固在接头盒内。同一侧的金属外护套与金属加强芯在电气上应连通；两侧的金属外护套、金属加强芯应绝缘。

（3）光缆接头盒盒体安装应牢固、密封良好。

（4）光纤收容时的余长单端引入引出长度不应小于0.8m，两端引入引出长度不应小于1.2m。

（5）光纤收容时的弯曲半径不应小于40mm。

（6）光缆接头处的弯曲半径不应小于护套外径的20倍。

（7）光缆接续后宜余留2～3m长度。

8.3.3　质量验收

1．电缆、光缆的规格、型号及敷设线路、终端位置应符合设计要求。

2．数据传输线缆与设备连接符合设计要求，屏蔽层应接地可靠。

3．电缆敷设应排列整齐，绑扎牢固，标志清晰。

8.4　系统测试

8.4.1　施工要点

1．建立电能质量管理系统数据采集、传输、处理、分析,应确保被监测装置各监控单元实时数据采集。站级、中心级电能质量管理处理系统工作正常,与各监控单元通信良好,实现数据实时传输。

2.检查中心级电能质量管理系统数据与各监控单元数据一一对应,保证数据的准确、有效,计算电能质量管理系统处理结果准确。

8.4.2 质量要点

1.电能质量管理系统各级设备之间通信正常,传输可靠。

2.中心级电能质量管理系统对数据实时和准确、监控、处理、分析、显示、存储。

8.4.3 质量验收

系统在线自检功能应符合下列规定:

1.数据采集、传输、处理、分析满足设计要求。

2.通道通信良好满足设计要求。

3.系统各硬件模块的自检,功能良好,满足设计要求。

参考文献

[1] 中华人民共和国住房和城乡建设部. 3～110kV高压配电装置设计规范：GB 50060—2008[S]. 北京：中国计划出版社，2009.

[2] 中华人民共和国国家质量监督检验检疫总局，中国国家标准化管理委员会. 电力金具通用技术条件：GB/T 2314—2008[S]. 北京：中国标准出版社，2009.

[3] 中华人民共和国铁道部. 电气化铁路接触网零部件技术条件：TB/T 2073—2010[S]. 北京：中国铁道出版社，2010.

[4] 中华人民共和国住房和城乡建设部. 电气装置安装工程 电气设备交接试验标准：GB 50150—2016[S]. 北京：中国计划出版社，2016.

[5] 中华人民共和国国家质量监督检验检疫总局. 地区电网调度自动化系统：GB/T 13730—2002[S]. 北京：中国标准出版社，2003.

[6] 国家铁路局. 电气化铁路用铜及铜合金接触线：TB/T 2809—2017[S]. 北京：中国铁道出版社，2018.

[7] 国家铁路局. 电气化铁路接触网用分段绝缘器：TB/T 3036—2016[S]. 北京：中国铁道出版社，2017.